Ewald Oetzel

Wie Sachsen Sachsen wurde

Herausgegeben von Holger Krahmer

TAUCHAER VERLAG

Oetzel, Ewald:
Wie Sachsen Sachsen wurde / Ewald Oetzel
Herausgegeben von Holger Krahmer
1. Aufl. – [Taucha]: Tauchaer Verlag, 2009.
ISBN 978-3-89772-165-4

© *2009 by Tauchaer Verlag*
Gesamtherstellung:
Neumann & Nürnberger Leipzig GmbH
Satz: Tauchaer Verlag
Druck und Verarbeitung:
Westermann Druck Zwickau
Printed in Germany
ISBN 978-3-89772-165-4

Inhalt

Vorwort 6

Landesherren – »streitbar« und »sanftmütig« 7

Für einen Kreuzzug »entschädigt« 11

»Die Klarheit des Gemüts
in guter Meinung leuchten lassen« 20

Die »Gelegenheit der Sachen« 26

Heimstatt für ein gottgefälliges Leben 30

Wie man ein »Sanftmütiger« wird 39

Kein Frieden im Heiligen Römischen Reich 50

Zweisamkeit – brüderlich geteilt 61

Welches Sachsen ist Sachsen? 76

Quellenverzeichnis 80

Vorwort

Am 3. Oktober 1990, dem »Tag der Deutschen Einheit«, wurde das Bundesland Sachsen neu begründet – im Festsaal der Albrechtsburg zu Meißen. 500 Jahre zuvor hatte dieses Schloss zur Residenz eines Kurfürstentums werden sollen. Doch dessen Herrscher schlugen später »geteilte« Wege ein. Im Jahre 929 war derselbe Burgberg »Geburtsstätte« eines Markgrafentums. Wann wurde daraus »Sachsen«? Und was war geschehen, dass 1834 Julius Weber schreiben konnte, Sachsen sei der freundlichste Name »unter allen deutschen Bundes-Namen«, es sei »Deutschland en miniature«?

Dennoch wird »Sächsisches« heutzutage oft belächelt. Mancher »bekennende« Sachse wundert sich darüber: »Ihr denkt, mir Sachsen sinn ä deitscher Stamm, damit die annern was ze feixen hamm.« Die treffendste Bemerkung dazu stammt von Lessing, der in Kamenz das Licht der Welt erblickt hatte: »Ei, ei, aus Sachsen ...« Das sagt doch alles! »Aus Sachsen!« – gut auch für mich, der ich zu Brüssel und Straßburg tätig sein kann – auch für Sachsen. Was das mit der Geschichte zu tun hat, die der Autor erzählt? »Geschichte kann zu Einsichten führen und verursacht Bewusstsein.« Worte aus dem Leipziger Zeitgeschichtlichen Forum. Nicht weit entfernt, am Alten Rathaus, steht zu lesen, wie nützlich das sein kann: » ... zu Beförderung gemeines Nutzens.«

Holger Krahmer
Mitglied des Europäischen Parlaments

Landesherren –
»streitbar« und »sanftmütig«

»Wir sind Sachsen«, sagen »Alteingesessene«. Sie meinen damit nicht nur die Gegend, aus der sie stammen oder in der sie wohnen. Auch Eigentümlichkeiten des Verhaltens, Besonderheiten der Sprache, manche Gewohnheiten und Gebräuche sind »sächsisch«. Doch seit wann gibt es Sachsen? Wie entstand es – das heutige Sachsen? Der »historische Raum« zwischen Weißer Elster, Oster- und Pleißenland, der Leipziger Tieflandsbucht im Westen, dem Muskauer Faltenbogen und der Neiße im Osten. Den meisten ist nicht einmal bewusst, dass dieses Territorium, dem sie sich zugehörig fühlen, erst seit dem 15. Jahrhundert mit dem Namen Sachsen in Verbindung gebracht wurde.

Sachsen – das war im 10. Jahrhundert ein Stammesherzogtum im heutigen Niedersachsen, zwischen Elbe und Harz, zwischen Ems und Nordsee, »Altsachsen«, wie es manchmal noch bezeichnet wird. Es war im Jahre 1180 aufgeteilt worden. Ein ostsächsischer Teil mit der Würde eines Herzogs von Sachsen fiel als Lehen an Bernhard, den Sohn des brandenburgischen Markgrafen Albrecht der Bär, und damit für zweieinhalb Jahrhunderte an die Askanier, so bezeichnet nach ihrem »Stammland«, der Grafschaft Aschersleben (»Ascharien«, »Askanien«). Nun besaßen sie auch Gebiete an der unteren Elbe um Lauenburg und im Bereich der mittleren Elbe um Wittenberg, Belzig, Herzberg und Baruth. Nach einer Landesaufteilung unter zwei Brüdern im Jahre 1260 konnte sich Herzog von Sachsen derjenige nennen, dem der Wittenberger Teil zugesprochen worden war. Doch im Jahre 1422 fiel dieses Lehen an das Reich zurück.

Herzog Albrecht III. von Sachsen-Wittenberg war einem nächtlichen Brand in seinem Jagdschloss in der Lochauer Heide zum Opfer gefallen, ohne einen lehnsfähigen Erben zu hinterlassen. Das »Reichslehen«, an das seit 1356 mit der Goldenen Bulle (so bezeichnet nach der goldenen Siegelkapsel), dem »Reichsgrundgesetz« Karls IV., die Würde eines Kurfürsten gebunden war, musste erneut »ausgetan«, einem Reichsfürsten »verliehen« werden. Sigmund, seit 1410 deutscher König, übertrug es im Jahre 1423 dem Markgrafen Friedrich IV. von Meißen.

Friedrich der Streitbare.

Der Herrscher aus dem Geschlecht der Wettiner nannte sich nun Friedrich I., Kurfürst und Herzog von Sachsen. Er war damit auch des Reiches Erzmarschall und Reichsvikar in Ländern »sächsischen Rechts«, im nördlichen Teil des Reiches also. Er durfte Schriftstücke statt mit gelbem oder grünem fortan mit rotem Wachs siegeln und er verfügte nun auch über eine eigene Gerichtsbarkeit; eine auswärtige war für seine Untertanen nicht mehr zuständig. Er konnte als Stellvertreter des gekrönten Herrschers fungieren, falls dies bei Thronvakanz erforderlich sein sollte. Und er gehörte zu den sieben ranghöchsten Reichsfürsten, die in einem solchen Falle einen neuen Thronfolger zu küren hatten.

Nach dieser Rangerhöhung des Markgrafen aus dem Geschlecht der Wettiner übertrug sich der Name Sachsen allmählich auf den gesamten Herrschaftsbereich: die Markgrafschaft Meißen, das Oster- und das Pleißenland und alles, was sonst noch dazugehörte bzw. dazukam, nach dem Jahre 1426 auch auf die Burggrafschaft Meißen, die letzte »Reichsgewalt« auf markgräflichem Territorium. Kurfürst Friedrich I., der Streitbare, ließ nach dem Tode des Burggrafen in der Schlacht gegen die Hussiten bei Aussig einen in »reichsunmittelbarer« Stellung auf dem Burgberg amtierenden Verwalter nicht mehr zu, obwohl König Sigmund dieses Amt seinem Hofrichter Heinrich I. von Plauen übertrug und von Kursachsen die Rückgabe der besetzten Reichsgüter verlangte. Es kam zu einer Schlichtung des Streits erst nach dem Tode Friedrich I. im Jahre 1428. Sein Sohn und Nachfolger, Friedrich II., musste einem Vergleich zustimmen. Die Burggrafschaft und die damit verbundene Würde verblieben Heinrich I. von Plauen. Aber er musste sich der Landeshoheit des Kurfürsten unterstellen. Das äußere Zeichen dafür: Der Turm des Grafenhofes wurde wettinischer Besitz.

Der später von der Hofgeschichtsschreibung der Sanftmütige genannte Friedrich II. sorgte schließlich auf die damals übliche, keinesfalls »sanfte« Weise für die Beseitigung auch der letzten Vertretung der Reichsgewalt auf wettinischem Territorium. Im Jahre 1438 – nach der sechswöchigen Beschießung der Burg Frauenstein mit zentnerschweren Steinkugeln – waren alle bis dahin noch existierenden burggräflichen Territorien in der Mark Meißen, immerhin 270 Orte, »eingezogen«, in die Markgrafschaft eingegliedert. Ein kaiserlicher Schiedsspruch im Jahre 1439 veranlasste die Übergabe der restlichen Lehen der Plauener Burggrafen an die Wettiner gegen eine Zahlung von 16 000 rheinischen Gulden.

Für einen Kreuzzug »entschädigt«?

Warum war Markgraf Friedrich IV. von Meißen am 6. Januar 1423 mit kurfürstlichen Würden bedacht worden, obwohl es auch andere Anwärter auf das hohe Amt gab? Fünf Jahre zuvor, auf dem Konzil zu Konstanz, war er bitter enttäuscht worden. Böhmens König Wenzel hatte ihm Lehen, die bereits seiner territorialen Hoheit zugefallen waren, nicht übertragen. Er hatte mit deren Belehnung gerechnet, denn Wenzels Bruder Sigmund, seit 1411 Träger der deutschen Krone, hatte sie ihm in Aussicht gestellt.

Mit großem Pomp war der Markgraf am 13. April 1417 zu Konstanz erschienen: Falkner bildeten die Spitze des langen Geleits. Friedrich zeigte sich als des Reiches Oberjägermeister und als ritterlicher Streiter. Sein Turnierpferd, mit prachtvoller Wappendecke, wurde ihm vorangeführt. Im fürstlichen Gefolge ritten 18 Grafen und 400 Vasallen, die silberne Wehrgehänge trugen, glänzende, schmuckreiche Waffen, in Trachten mit silbernen Schellen. Abgezogen war er nach einigen Tagen, ohne seinen König um Erlaubnis zu bitten, in großer Verärgerung: »Was er mir heute zu Konstanz zu verleihen geweigert, werde ich ihm nächstens im Felde wohl antun müssen.« Das sollte also heißen: »Der wird schon noch merken, was er davon hat.«

Und so kam es dann auch! Sie waren aufeinander angewiesen – im Hinblick auf ihre unterschiedlichen »böhmischen Interessen«. König Sigmund brauchte starke Verbündete, wenn er in den Besitz auch der böhmischen Krone gelangen und schließlich Kaiser werden wollte. Dem meißnischen Nachbarn Böhmens musste er deshalb besondere Aufmerksamkeit widmen. Schon im Februar 1418 gab er dem Wettiner die Erlaubnis, von den Juden auf seinem Territorium eine Abgabe in Höhe eines Drittels ihres Vermögens zu verlangen.

Für den Inhaber dieser »Judennutzung«, der als ihr Schutzherr auch den »Judengroschen« kassierte, kann das zu dieser Zeit kein so einträgliches »Geschäft« wie sieben oder acht Jahrzehnte früher gewesen sein. Es gab fast keine jüdischen Gemeinden mehr. Die »Kleine Chronik« des Klosters Altzella vermerkt, am 15. Februar 1349 seien im Meißner und Thüringer Land alle Juden erschlagen worden, »Gott zu lobe«, wie kurze Zeit danach der Landesherr den »Rathsmeister und Rath der Stadt Nordhausen« wissen ließ, damit auch sie nicht zögerten, »die große Boßheid« zu vergelten, die die Juden »an der Chrystenheyt ... gethan, mit vergifft die sy in alle Borne geworffen han«. Auch die »Kleine Dresdener Chronik« enthält die Notiz: »In dem XLIX. (49.) Jahre worden dye Juden gebrannt czu vasznacht...« Die Pestilentia, die »stinkende Verderbnis«, das massenhafte Dahinsiechen weit und breit, diese »Sucht«, wie man damals sagte, die Pest hätten nur sie verursacht, diese »Brunnenvergifter«, »Luftverpester«, »Menschenfresser«. Die neuen jüdischen Zinspflichtigen um 1418 können also nur Überlebende jener grausamen Pogrome gewesen sein, deren Nachkommen, aber auch Neuzuzügler.

Mittlerweile waren zu Sigmunds und Friedrichs größter Besorgnis die böhmischen Verhältnisse ins Wanken geraten. Die Prager Universität hatte am 10. März 1417 ihren ersten tschechischen Rektor, den Magister Jan Hus, zum heiligen Märtyrer erhoben. Er war auf dem Konzil zu Konstanz als Ketzer verurteilt und dort im Jahre 1415 auf dem Scheiterhaufen verbrannt worden. Sein Todestag, der 6. Juli, war nun kirchlicher und nationaler Feiertag. Es gärte im Lande. Viele waren bereit zu kämpfen. Auf die Anfrage, ob der »Krieg für die Befreiung des Wortes Gottes« erlaubt sei, hatten Prager Professoren geantwortet: »Zur Verteidigung der Wahrheit ist der Kampf mit dem Schwert nicht nur erlaubt, sondern auch geboten.«

Jan Hus auf dem Scheiterhaufen.

König Wenzel IV. hatte die Reformbestrebungen des Theologen Jan Hus anfangs toleriert, weil sie seinen eigenen Interessen nicht zuwiderliefen. Nun aber, nach der Wahl eines neuen Papstes, stand ein neuer »Kreuzzug« gegen die »Ketzer« bevor. Wenzel sah seine eigene Macht in Gefahr, nachdem ihm auch König Sigmund verdeutlicht hatte, dass er zu lange den »ketzerischen Umtrieben« zugesehen habe. Aufruhr brach aus, als er im Februar 1419 gegen die hussitischen Anführer einzuschreiten befahl und von ihnen vertriebene katholische Priester in ihre Ämter zurückbrachte.

Gegen die Verfolgung der Anhänger des Jan Hus formierte sich eine starke Bewegung. In Jan Ziska fand sie einen resoluten Führer. Am 30. Juli 1419 erstürmten seine Gefolgsleute das Neustädter Rathaus zu Prag. Sie warfen mehrere Ratsherren, einen Richter und sechs Gerichtsdiener aus den Fenstern und töteten sie. Die Nachrichten darüber waren für König Wenzel offensichtlich so aufregend, dass er mehrere Schlaganfälle erlitt und am 16. August starb.

Erbberechtigt war sein Bruder Sigmund, bereits Träger der ungarischen und der deutschen Krone. Doch er hatte kaum eine Chance, seinen Anspruch gegen die Stände durchzusetzen. Als Schutzherr des Konstanzer Konzils hatte er den Prozess gegen Jan Hus nicht verhindert, obwohl er dem Prager Reformator freies Geleit versprochen hatte. Nun unterstützte er im Vertrauen auf eine militärische Allianz mit den Fürsten, die seine »böhmischen Sorgen« teilten, den Aufruf des Papstes Martin V. zu einem »Kreuzzug« gegen die Aufrührer. Er proklamierte ihn am 1. März 1420 in Breslau.

Als im Mai Tausende Hussiten gen Prag zogen, Klöster, Kirchen und Schlösser in Brand setzend, und alle töteten, die sich ihnen entgegenstellten, machten auch die »Kreuzzügler« blutigen Ernst: Sigmund und vor allem der Markgraf von Meißen sowie der Kurfürst von Brandenburg. Am 14. Juli eroberten die meißnischen Truppen den Veitsberg im Nordosten Prags, gerieten jedoch in einen Hinterhalt – wie einige behaupteten, infolge eines geheimen Einverständnisses Sigmunds mit böhmischen Adligen. Sie hatten viele Tote zu beklagen. Ob es ein abgekartetes Spiel war oder nicht – Sigmund glaubte sich am Ziel, als nun ein Teil der Hussiten mit ihm verhandelte. Bei seinen getreuesten Mitstreitern, den wettinischen Bundesgenossen, bedankte er sich, wie es in einem Bericht heißt, »als wir in dem felde für Prag uff vnsern stule saßen«, indem er sie feierlich mit allen ihren Besitzungen »begabte« und ihre Vorrechte bestätigte. Er selbst ließ sich am 28. Juli 1420, zwei Tage bevor er mit dem »Kreuzheer« wieder eilends abrückte, im Veitsdom zum böhmischen König krönen.

Seine Streitbarkeit musste Markgraf Friedrich IV. bald darauf im Dienste seines Herrn erneut beweisen. Es war nicht leicht, gegen die Hussiten im Felde zu bestehen. Ihr radikaler Kern, die »Taboriten«, fühlte sich in einer »Gemeinschaft von Brüdern und Schwestern«. Sie bereiteten sich in Gebet und Buße auf die »Wiederkunft des Heilands und das Ende der Welt« vor. Deshalb hielten sie sich für berufen, alle zu töten, die nicht ihres Glaubens waren. Ihre Kampfesführung war sehr beweglich, auf ihre Ausrüstung mit Spießen, Knuten, Sensen und Flegeln abgestimmt. Sie wurde aber auch schon mit Pulverwaffen betrieben. Ein Vorteil für sie in offener Feldschlacht waren die rasch zusammengestellten Wagenburgen als Kampfbasis, so bei notwendigen Rückzügen oder für überraschende Angriffe.

Mit viel Geschick, aber auch Glück gelang es dem Markgrafen Anfang August 1421, die Hussiten, deren Führer Ziska nicht zugegen war, bei Brüx zu schlagen. Das festigte sein Ansehen bei seinesgleichen. Doch schon kurze Zeit später, bei Saaz an der Elbe, erlangten die »böhmischen Ketzer« ihre gefürchtete Kampfkraft zurück. Ihr blinder Held Jan Ziska, wie immer bewaffnet mit einem Streitkolben, stand wieder an ihrer Spitze und seine Scharen ließen ihren Schlachtgesang viel entschlossener als sonst ertönen. Allein der Anblick der heranrückenden Hussiten versetzte die meisten »Kreuzfahrer« in Angst und Schrecken. Sie flohen, und Friedrich IV. musste mit seinen Kriegern die günstigen Stellungen, in die er sie geführt hatte, ebenfalls aufgeben.

Johannes Ziska.

Wollte König Sigmund den Plan des Papstes umsetzen, das »Ketzerland« von der Landkarte verschwinden zu lassen, musste er seinen bisher zuverlässigsten Bundesgenossen auf besondere Weise »entschädigen«. Ihm hatte er bereits im August 1422 für seinen Beistand in zahlreichen Kämpfen und für die von ihm mitgetragenen Kriegskosten Orte wie Stolberg, Schöneck und Mylau »verschrieben«. Nun erhob er ihn zum Kurfürsten.

In dieser Zeit schien der gemäßigte Flügel der vielschichtigen hussitischen Bewegung, nach seinem Sinnbild, dem Kelch, Kalixtiner genannt, die Oberhand in Böhmen zu gewinnen. Ihm gehörten Handwerker, Teile des Gelehrtenstandes und des Landadels sowie das neue tschechische Patriziat an. Doch Friedensverhandlungen mit König Sigmund scheiterten, und so blieben schließlich die Radikalen tonangebend, die mit ihren oft auch unterschiedlichen Auffassungen Forderungen der tschechischen Bauern, der Stadtarmen und der niederen Geistlichen vertraten. Unter dem immer größeren Druck, dem die Hussiten durch die Feudalherren ausgesetzt waren, gelang es Jan Ziska und nach dessen Tod im Jahre 1424 dem tschechischen Priester Andreas Prokop, alle hussitischen Gruppierungen längere Zeit gegen innere und äußere Feinde zu mobilisieren und deren Übermacht zu brechen.

Hatten sie mit ihren kriegerischen Aktionen bis zum Herbst 1425 vorwiegend mährische und böhmische Gebiete überzogen, so stießen sie von nun an immer wieder in fremde Regionen vor, um »Gottes Willen zu erfüllen«, wie sie meinten, und sich dort das zu holen, was sie zum Leben brauchten. »Große Reisen« nannten sie diese Beutezüge. Als sie sich Anfang Juni Aussig näherten, das König Sigmund seinem meißnischen Bundesgenossen verpfändet hatte, bot Kursachsen mehr als 20 000 Reisige aus dem Meißnischen, dem Osterland, aus fränkischen Gebieten, Thüringen und der Oberlausitz gegen sie auf. Da der Kurfürst auf dem Nürnberger Reichstag weilte, hatte Herzogin Katharina die Kriegsleute zu Bobritzsch bei Freiberg zusammenführen lassen, um sie unter dem Feldhauptmann Busso von Vitzthum auf den Marsch gegen den Feind zu beordern. Der 16. Juni wurde für das Kurfürstentum zum Schreckenstag. Vor Aussig wurden mehr als 12 000 dieser Heerschar, auch mehrere Hundert der gepanzerten Reiter, erschlagen.

Ein vierter »Kreuzzug« gegen sie im Jahre 1427 endete ebenfalls mit einer schweren Niederlage. In der Schlacht bei Mies am 4. August siegten wiederum die Hussiten. Auf einer der folgenden »großen Reisen« im Jahre 1429 verheerten sie vor allem kursächsische Lande. Altendresden wurde niedergebrannt. Meißen wurde kurze Zeit belagert, bevor sie die Gegenden um Torgau und Magdeburg heimsuchten.

Im Jahre 1430 drangen sie westwärts in Richtung Leipzig vor. Taucha brannten sie nieder. Colditz, Altenburg und Plauen wurden verwüstet, sie zogen durchs Vogtland bis nach Oberfranken. Dass sich unlängst vorher, am 25. Juli, in Plauen die Wettiner und die brandenburgischen Hohenzollern zur Abwehr dieser Gefahr zu einem Bündnis zusammengefunden hatten, zeigte noch keinerlei Wirkung. Auch ein Beschluss auf dem Reichstag zu Nürnberg im Jahre 1431, gegen sie energischer vorzugehen, brachte keinen Erfolg, obwohl 90 000 Mann gegen sie aufgeboten worden waren.

Dieser fünfte »Kreuzzug« gegen die Hussiten endete mit einer Blamage für das Reichsheer. Eilends zog es sich zurück. Als die gefürchteten Gegner unter ihrem Führer Prokop immer näher heranrückten, wurde aus diesem Rückzug eine panische Flucht.

Mit der Zeit hatten jedoch Unstimmigkeiten unter den Hussiten zu Zerwürfnissen geführt. Zunehmende Verwilderung großer Teile ihrer Streitmacht minderte deren Stoßkraft. König Sigmund suchte seit 1431 eine Verhandlungsbasis zu schaffen, die eine Vereinbarung mit den Gemäßigten unter ihnen ermöglichte. Das gelang schließlich auf dem Baseler Konzil 1433, nachdem auch Kurfürst Friedrich II. von Sachsen im August 1432 mit ihnen einen Sonderfrieden für zwei Jahre vereinbart hatte. Doch Kriegshandlungen mit Teilen des hussitischen Heeres gab es auch weiterhin, als letzte die Schlacht bei Brüx am 23. September 1434 gegen die Taboriten, die ihren Feldhauptmann Prokop bereits am 30. Mai in der Schlacht bei Lipan (Lipany) verloren hatten. Sigmund, am 31. Mai 1433 nach langen Bemühungen endlich vom Papst zum Kaiser erhoben, wurde im Sommer 1436 schließlich auch von hussitischer Seite als böhmischer Herrscher anerkannt.

Ein alter Spruch kennzeichnet das Ende der Hussitenkriege: Meißen und Sachsen verderbt / Schlesien und Lausitz zerscherbt / Bayern außgenärbt / Österreich verheert / Mähren verzehrt / Böhem umbgekehrt. In Sachsen waren mehr als 300 Ortschaften von der Landkarte verschwunden, sie blieben wüste Markungen, die meisten davon im Gebiet um Leipzig, vor allem in der Gegend um Oschatz und Wurzen.

»Die Klarheit des Gemüts in guter Meinung leuchten lassen«

In diesen an Wirrnissen und Kriegsläuften so reichen Zeiten gelang es dem Landesherrn immer wieder, »Herren, Ritter, Knechte, Pfaffen, Klöster und Bürger« zu »Schatzungen« zu veranlassen. Es ging dabei um »Beden«, »erbetene Beihilfen«. Sie wurden ihm von den »Ständen« freilich nicht ohne »Gegenleistung« gewährt, nicht ohne Zugeständnisse, z. B. hinsichtlich der Rechtspflege, der Gerichtsbarkeit, der Verwaltung, der Befugnisse. Bald wurden daraus allgemeine Abgaben.

Die »Stände« schienen am ehesten dazu berufen, einer Notlage entgegenzuwirken, ihrem Landesherrn eine »Stütze« zu gewähren, damit er einem Übel rechtzeitig zu »steuern« vermochte. Eine »Steuer« (eigentlich Stütze, Unterstützung; dann auch Gabe, befohlene Abgabe) sollte erhoben werden, vielerorts »Ziese« genannt. Zunächst aber wurde geprüft, ob eine Akzise überhaupt berechtigt war. Im Jahre 1446 verlangten die Stände sogar eine Erklärung, »wie und in welchem Maße der Kurfürst in solche Schulden und Unrat gekommen sei«. Von schlechten Ratgebern müsse er sich endlich trennen.

Von den Vertretern der Geistlichkeit, des hohen und niederen Adels, der Universität und der Städte, von den »Landständen«, ließ sich der Landesherr im Jahre 1438 zu Leipzig eine Steuer auf alle verkauften Waren bestätigen, zunächst für nur zwei Jahre. Für diese »erbetene Beihilfe« forderten sie allerdings das Recht ein, künftig auch auf eigenen Entschluss zusammenzutreten und die Gelder selbst zu verwalten. In der Geschichte Sachsens kennzeichnet dieses Ereignis den ersten Landtag. Nur zwei Jahrzehnte später erkannte der Kurfürst den Ständen sogar das Recht zu, über Krieg und Frieden mitzuentscheiden. Zuvor hatten sie seine Zusage erzwungen, vor der Aufnahme neuer Schulden »gefragt zu werden«.

Die Konsumsteuer wurde 1440 für weitere zwei Jahre festgelegt, und ab 1470 wurde sechs Jahre lang auf Getreide, bald auch auf Brot und Fleisch eine Verbrauchssteuer erhoben, an der die Stadtsäckel partizipierten. 1481 wurde sie für weitere sechs Jahre angeordnet. Man nannte diesen »Aufschlag« das »Ungeld«, den »Beamten«, der die Akzise erhob, den »Ungelter«.

Eine hohe Belastung besonders für den »kleinen Mann« war 1454 eine einheitliche Kopfsteuer von zwei Groschen. Erst 1481, als der Kaiser für den Kampf gegen die vordringenden Türken mehr Geld brauchte, kam man auf die Idee, diese Steuer nach der »Ziemlichkeit« festzusetzen, die Einkommens- und Besitzunterschiede zu berücksichtigen. Sicherlich spielte dabei auch die Erfahrung eine Rolle, die man nach einer früheren steuerlichen Erhebung dieser Art gemacht hatte. Der Kaiser und der Papst hatten die ersten »Türkenzehnten« für sich verbraucht. Manche Landesherren nutzten nun ihre erstarkten Positionen zu mehr Einfluss auf Entscheidungen, die Kaiser und Papst zu treffen hatten. Der Kirche z. B. gestattete Kurfürst Friedrich ab 1458 den Ablasshandel nur, wenn auch sein Rentamt am Gewinn teilhatte. Mit päpstlicher Erlaubnis kontrollierte der Kurfürst sogar einen Ablasskommissar, dem Veruntreuung vorgeworfen worden war. Er ließ ihn schließlich verhaften und die Gelder beschlagnahmen.

Aus der Praxis dieser immer vielfältigeren Geldangelegenheiten ergab sich notwendigerweise ein oberstes

Kontrollorgan bereits 1451. Zwölf Adelsherren, drei Jahre später nur noch acht, sowie die Bürgermeister von Leipzig, Dresden, Wittenberg, Zwickau und Pegau wurden zu »Schatzmeistern«, zu Landessteuereinnehmern, die auch die Aufteilung des »aufgebrachten« wertvollen Guts überwachten.

Über die Verwendung ihrer »standesgemäßen« herkömmlichen Einnahmen brauchten die Fürsten allerdings keine Rechenschaft abzulegen. Sie erlangten Gewinne aus der Bewirtschaftung ihrer Güter, aus Belehnungen, der Vergabe von Rechten und Pachten, aus den Anteilen an Gerichtsgebühren. Sie nutzten ihre Chancen als Münzherren, als Inhaber von Bergregalien. Sie beanspruchten Anteile aus Abgaben der Zünfte, von Geleitsgeldern, Vieh-, Brücken- und Waagezöllen. Erheblichen Nutzen hatten sie auch durch den im Jahre 1442 verordneten »Straßenzwang« für weitreisende Fuhrleute, die mit ihren wertvollen Ladungen »bevorzugte« Orte anfahren mussten, z. B. solche mit Stapelrecht. Dort mussten sie die Waren angeboten werden, bevor sie weiterzogen. Und selbst von den »Stättegeldern«, die Händler auf Jahrmärkten zu entrichten hatten, kam einiges in die markgräfliche Amtskasse. Beträchtlich waren die jährlichen Einnahmen aus Schutzhoheiten über Städte wie Erfurt, das zum Bistum Mainz gehörte, sowie über die Freien Reichsstädte Mühlhausen, Nordhausen und Goslar. Im Jahr 1483 betrug das Schutzgeld, das Erfurt aufzubringen hatte, 1200 Gulden.

Die Herrschaft des Kurfürsten Friedrich II. brachte dem Land geordnete Zustände.

Fast nichts eingebracht hatte dagegen der lange Streit mit den Brandenburgern um die Niederlausitz, obwohl sie 1441 unter kursächsischen Schutz getreten war. Friedrich II. von Brandenburg erlangte im Jahre 1448 mittels einer Pfandeinlöse Zugriff auf fast das ganze

Gebiet, nachdem er schon 1443 das Erbrecht auf Beeskow und Storkow an sich gebracht hatte. Auch Cottbus war unter seine Fittiche geraten. Nur Hoyerswerda und Senftenberg verblieben dem sächsischen Kurfürsten. Dem Brandenburger war allerdings die Niederlausitz nur kurze Zeit vergönnt. Bereits 1462 musste er sie dem böhmischen Nachbarn überlassen. Er konnte jedoch einige Teile zu Lehen nehmen.

Friedrich der Sanftmütige.

Lange und mühsame Verhandlungen mit Böhmen führten zu einem der gewiss seltenen glanzvollen Ereignisse im Leben Friedrichs des Sanftmütigen und zu einem »Höhepunkt« in der Geschichte Kursachsens, zum Vertrag von Eger am 25. April 1459.

Der Verhandlungspartner des Kurfürsten, Georg von Podiebrad, entstammte einer mährischen Adelsfamilie. Schon als Jugendlicher hatte er sich zu den Reformideen des Theologen Jan Hus bekannt. Eine hussitische Mehrheit der Stände hatte im Jahre 1458 das Erbrecht der Habsburger negiert und den »Kalixtiner« Georg am 2. März zum König erhoben.

Der Vertrag zwischen Böhmen und Sachsen kam dadurch zustande, »dass die Fürsten ihre Herzen gegeneinander erweicht ... und die Klarheit ihres Gemüts in guter Meinung hatten leuchten lassen«. Die ersehnte Herrschaft über die Oberlausitz erlangte der Kurfürst jedoch nicht, aber die sächsisch-böhmische Grenze den Erzgebirgskamm entlang stand nun fest. Allerdings hatte Kurfürst Friedrich bestätigen müssen, er habe 63 meißnische Städte und Schlösser sowie das meißnische Vogtland von der Krone Böhmens zu Lehen genommen. Eigentlich war das ein formaler Akt, denn die meißnische Landeshoheit blieb unangetastet.

Zu guter Letzt wurde der Vertrag durch doppelte Ehebande, eine »Erbeinigung« also, besiegelt. Georg Podiebrads Sohn Heinrich wurde der Verlobte einer Tochter Herzog Wilhelms. Kurfürst Friedrichs zweiter Sohn Albrecht, gerade erst 16 Jahre alt, wurde mit der einige Jahre jüngeren Zedena, der Tochter des böhmischen Königs, verheiratet. Wegen des noch kindlichen Alters der Braut wurde die Ehe erst 1464 »durch das Beilager« vollzogen. – Die Tochter des »Ketzerkönigs« wurde als Herzogin Sidonie von Sachsen zur »Stammmutter« der albertinischen Linie des Herrscherhauses. Der erste »Albertiner«, der strenggläubige Katholik Herzog Georg, hatte also mütterlicherseits einen »böhmischen Ketzer« zum Großvater, der im Jahre 1465 mit päpstlichem Bann belegt worden war.

Damit es zu diesen dynastischen Bindungen überhaupt kommen konnte, hatte schon ein Jahr vorher eine ältere »Eheberedung« für ungültig erklärt werden müssen: Für den damals gerade erst 14-jährigen Albrecht war nämlich die Tochter Ursula des brandenburgischen Kurfürsten Albrecht als Braut ausersehen. Doch aus politischen Gründen hielten beide Kurfürsten diese Vertragsauflösung für ratsam. Der Brandenburger verstand sich recht gut mit seinem kursächsischen Nachbarn, denn er war 1458 dessen Schwiegersohn geworden. Später fand die auswärtige Politik seiner Schwager Ernst und Albrecht bei ihm kein Verständnis.

Eheliche Verbindungen zwischen Herrscherhäusern waren politische Angelegenheiten ersten Ranges und bewirkten oft auch neue machtpolitische Konstellationen. Manches Geschehen war davon beeinflusst, von welchem der vielen Zipfelchen des arg strapazierten weiten »Mantels der Geschichte« es gestreift wurde. Sachsen muss dabei des öfteren einiges »abbekommen« haben, was ihm dann jahrhundertelang »anhing«. Auch auf dynastische Bindungen trifft das sicherlich zu. Kurfürst Friedrich II., sechzehnjährig, erst drei Monate »im Amt«, heiratete die Habsburgerin Margaretha. Den Ehevertrag hatte im Jahre 1428 noch sein Vater – er starb im gleichen Jahr – ausgehandelt. Die Hochzeit fand, drei Jahre später, zu Leipzig statt; die Braut war nun 15 Jahre alt. Ihr Bruder erlangte 1440 als Friedrich III. die deutsche Königskrone. Die Wettiner waren seitdem familiär mit dem Herrscherhaus verbunden, aus dem bis zum Ende des Heiligen Römischen Reiches Deutscher Nation, also über mehr als dreieinhalb Jahrhunderte, das »Reichsoberhaupt« hervorging.

Margaretha von Sachsen, die acht Kinder zur Welt brachte, wurde als Landesfürstin hoch geachtet, weil sie in Abwesenheit des Kurfürsten selbstbewusst rasche und richtige Entscheidungen zu treffen vermochte. Friedrich ließ sich oft auch von ihr beraten. 1463 durfte sie sogar zu Colditz mit ihrem Namen versehene Münzen schlagen lassen.

Die »Gelegenheit der Sachen«

Im Jahre 1455 hatte Dresden das Stapelrecht für den Elbhandel erlangt, sodass das benachbarte Pirna sich fortan einer immer stärker werdenden Konkurrenz zu erwehren hatte. In Leipzig kam am 1. November 1458 zu den bisherigen Märkten zu Ostern und im Herbst ein dritter dazu, der Neujahrsmarkt, der am Neujahrstag begann und zu Heilige Drei Könige am 6. Januar endete, ein Sonderrecht, vom Kurfürsten der Stadt erteilt.

Sie musste es sich 1466 allerdings von Kaiser Friedrich III. bestätigen lassen. 365 Gulden kostete sie dieser große Vorteil gegenüber Halle, Naumburg und Erfurt. Die Hallenser Räte wehrten sich allerdings gegen die Bevorzugung des Nachbarn. Sie hatten für den seit alters bestehenden Neujahrsmarkt bereits 1464, also zwei Jahre vor den Leipzigern, die kaiserliche Genehmigung erlangt, vorsorglich, denn ein 1458 zu Leipzig eingerichteter Markt begann dem Handelsleben ihrer Stadt »das Wasser abzugraben«. Den Streit zwischen beiden schlichtete Kaiser Friedrich, indem er am 29. April 1469 der Pleißestadt das Privileg wieder entzog. Das brachte den kursächsischen Landesherrn auf den Plan. Schon am 8. August wurde der uralte Neujahrsmarkt zu Halle »aufgehoben, widerrufen, vernichtet und abgetan«. Friedrich III., so hieß es, »sei des Grundes und der Gelegenheit der Sachen nicht gänzlich unterrichtet gewesen«. Jedoch die Leipziger zeigten sich »großzügig« gegenüber ihren Nachbarn. Man einigte sich auf einen »Neujahrsmarkt« zu Halle, der erst begann, wenn der Leipziger zu Ende war. Aber besaß Halle nicht doch ältere Rechte? Was zog den Kaiser auf die Leipziger

Seite? Doch nicht nur die »Fürsprache« seines Schwagers, des Kurfürsten?! Der Stärkere, der wirtschaftlich Stärkere bekam »Recht«.

Einem alten Brauch entsprechend waren die Fernhandelsmärkte an bestimmte Kalendertage »gebunden«. War »Zahlungstermin Ostermarkt« bzw. »Michaelismarkt« vereinbart, wusste jeder in Geschäften Bewanderte, wann und wo »Zahltag« war. Die Braunschweiger Jahrmärkte begannen zu »Mariae Lichtmess« und jedem Kaufherrn, seinem Helfer, dem »Faktor«, und auch dem Lehrling, »Jungen«, war bekannt: In Frankfurt am Main wurde zur Fastnacht und am 12. Juli Jahrmarkt eingeläutet, in Leipzig zu Ostern und zu Michaelis am 29. September. Gottesdienste wurden zelebriert und alle Gläubigen verstanden am Schluss die Worte des Priesters: »Ite, missa est!« – »Gehet, es ist Entlassung!« – Es war also »Messe«.

Halle und Hof eines Kaufmannes.

Im Jahre 1464 hatte Kurfürst Friedrich der Sanftmütige der Stadt Leipzig gestattet, das Waagegeld für alle Waren, die hierher gelangten, zu erhöhen. Später erwiesen auch Kurfürst Ernst und Herzog Albrecht, die bis 1485 gemeinsam regierten, den Bürgern ihre besondere Gunst, indem sie einer weiteren Erhöhung zustimmten. Es muss für beide Seiten ein einträgliches Geschäft gewesen sein, denn die Genehmigung wurde gegen eine Zahlung von 6000 rheinischen Gulden erteilt.

Die riesigen Mengen an Handelsgütern aller Art bedeuteten viel Arbeit für Fuhrleute und für diejenigen, die das »Herzstück« des damaligen Marktwesens, die Waage, betrieben. Alles, was ankam, musste gezählt und gewogen werden, um die »Abgabe« an die Stadt und den Landesherrn zu errechnen.

Was städtischer Handel und Wandel in dieser Zeit für ihn bedeutete, soll Herzog Albrecht, später wegen seines Verhaltens in kritischen Situationen der Beherzte genannt, einmal sehr deutlich mit den Worten kundgetan haben: »Habe ich Städte, so kann ich bald zu Geld kommen.« Im Jahre 1472 erteilten ganz in diesem Sinne Kurfürst Ernst und Herzog Albrecht auch der Stadt Dresden das Privileg, auf alle Waren, die die Stadt passierten, eine Gebühr zu erheben.

Gerieten Fürsten in finanzielle Bedrängnis, fanden sich für sie fast immer »hilfreiche« Hände. Im Jahre 1455 z. B. lieh die Stadt Döbeln an der Mulde Friedrich dem Sanftmütigen 500 rheinische Gulden gegen eine »Achtjahresrente«, eine sich zweifellos für beide Seiten »rentierende« langfristige Rückgabe in Raten.

Über Geschäftsgepflogenheiten zwischen den Mercatores frequentantes, den reisenden Kaufleuten, und örtlichen Handelsherren erfährt man einiges aus gerichtlichen Beurkundungen, wenn das Geschäftliche mal nicht so abgelaufen war, wie es hätte sein sollen. Der Leipziger Ratsherr, Händler und Weinkellerbesitzer Ulrich Klaffhammer z. B. hatte 20 Lasten Heringe nicht bezahlt, umgerechnet 720 bis 960 Zentner. Am 11. Januar 1463 klagten der Magdeburger Heinrich Moller und seine Gesellschafter dafür 1500 »alte Schock Groschen« ein. Da der Schuldner nicht »flüssig« war, musste sein Haus am Markt den Gläubigern verpfändet werden.

Vor allem aber war es der erneut aufblühende erzgebirgische Bergbau, der weitere Arbeitsstätten entstehen ließ und den Hüttenbesitzern noch längere Zeit reichen Segen bescherte. Um 1400 war viel Zinn bei Altenberg entdeckt worden; 1442 wurden am Pöhlberg bei Annaberg silberhaltige Kupfererze erschlossen, und seit 1443 gab es auch am Schneeberg erstmals Gruben. Von einem der reichsten »Fundgrübner« seiner Zeit, dem Zwickauer Amtmann Martin Römer, stammt ein Schriftstück, auf dem er für die Jahre 1477/1478 errechnete, wie hoch die Einnahmen aus seinen Geschäften mit Erzen waren, für die er Abgaben als »Zehnten«, »Schlägeschatz« bzw. für »Stollenrechte« an den Landesherrn zu entrichten hatte. Er kam auf 213 458 Gulden. Die Silberausbeute muss damals erstaunlich groß gewesen sein. Der Nürnberger Bürger Niklas Staude, der mit nur einem halben Kux daran teilhatte, berichtete über einen Besuch in der Schneeberger Grube St. Georg: »Das, was ich sah, war eine Lachter (ca. 2 Meter) breit und zwei Lachter hoch, sodass man aus solchem Erz wohl 400 Zentner Silbers macht.« Von 1470 bis 1550 erbrachte der erzgebirgische Silberbergbau 1004 Tonnen reines Silber.

Heimstatt für ein gottgefälliges Leben

Am 2. Dezember 1409 begann für 46 Magister und 369 Studenten unter dem Rektorat des Theologen Johann Otto von Münsterberg das erste Semester an der neugegründeten Universität zu Leipzig. Kanzler wurde der Bischof von Merseburg. Alle Magister und etwa 100 dieser Scholaren hatten im Mai der ältesten Universität des Reiches, der »Carolina« zu Prag, den Rücken gekehrt. Unter dem Schutz der damals noch gemeinsam regierenden Markgrafen Friedrich IV. und Wilhelm II. fanden sie im Studium generale in dem etwas mehr als 4000 Bewohner zählenden Leipzig eine »Heimstatt« für ein auch weiterhin »gottgefälliges Leben«. War ihnen das zu Prag nicht mehr möglich gewesen? Was war geschehen?

Böhmens König Wenzel hatte im Januar 1409 die Angehörigen der Universität aufgefordert, sich zur Teilnahme am Konzil zu Pisa zu entschließen. Die Kirchenspaltung, das Abendländische Schisma, sollte beendet werden. Es gab zwei Päpste, einen in Rom, den anderen zu Avignon, gegnerische »Prätendenten«, deren »Parteien« sich befehdeten. Beide Päpste lehnten jedoch ein »allgemeines Konzil« ab, dessen Beschlüssen sie sich unterordnen sollten. Es kam dennoch im März zustande. »Abtrünnige« Kardinäle beider Seiten hatten dafür gesorgt.

Aus »Prager Sicht« bot das Konzil die von vielen lange schon ersehnte Chance für Veränderungen. Wenzel, bis zu seiner Absetzung am 20. August 1400 auch Träger der Krone des Heiligen Römischen Reiches, stand auf ihrer Seite – aus Furcht um seine böhmische Hausmacht. Sie war längst ins Wanken geraten, eine Folge der wachsenden sozialen Spannungen im Lande und der unerfüllt gebliebenen nationalen Bestrebungen der Tschechen, des Hauptteils der Bevölkerung. Sie fanden immer stärkeren Ausdruck in den Lehren der geistigen Führer des Landes, von denen sich einige schon seit den 70er Jahren des 14. Jahrhunderts den Ideen des englischen Theologen und Kirchenreformers John Wyclif zugewandt hatten. Der Oxforder Gelehrte forderte eine nur an der Bibel orientierte Kirche. Von den Geistlichen erwartete er, beispielhaft in der Nachfolge Christi zu leben, dem urchristlichen Armutsideal verpflichtet, vom Papst den Verzicht auf weltliche Macht.

Das Paulinum zu Leipzig.

Jan Hus, seit 1398 Professor an der Karls-Universität, im Jahre 1400 zum Priester geweiht, 1402 auch Prediger an der Bethlehemskapelle, war in diesem Sinne mit einigen anderen seinesgleichen um innerkirchliche Reformen bemüht. Als 1403 der Prager Theologieprofessor Johannes Hübner die »ketzerischen Ansichten« Wyclifs auflistete und deren Verurteilung forderte, entbrannte ein erbitterter Streit. Papst Gregor XII. versuchte ihn im April 1408 zu beenden, indem er Wyclifs Schriften verbot. Doch die Reformer gaben nicht auf, denn viele Ideen des englischen Philosophen und Theologen waren längst zum ideellen Gut einer breiten, aber auch vielschichtigen Bewegung geworden. Und an der Universität, der territorialen Herkunft ihrer Angehörigen entsprechend in vier »Nationen« gegliedert, schwelte seit langem ein »Nationalitätenstreit«, vor allem wegen der offensichtlichen Bevorzugung »altgläubiger« Professoren, der Verteilung der Pfründe sowie hinsichtlich der Befugnisse auf Verwaltungsebene. Von den vier »Nationen« waren die polnische (Schlesier, Litauer, Preußen, Thüringer, Lausitzer und auch Leute aus der Diözese Meißen), die sächsische (alle aus den mittleren Gebieten des Reiches, aber auch Skandinavier, Finnen, Balten, Engländer) und die bayrische (Bayern, Franken, Schwaben, Schweizer, Hessen, Westfalen, Österreicher, Niederländer) »deutsch dominiert«. Bei wichtigen Entscheidungen sah sich die vierte, die böhmische, immer öfter benachteiligt, wenn sie überstimmt wurde. Jede »Nation« verfügte im Rat über nur eine Stimme.

Es kam unter ihnen im Januar 1409 zu einem offenen Bruch, als die Lehren Wyclifs von den drei »Nationen« mit überwiegend deutschstämmigen Mitgliedern verworfen wurden, jedoch nicht von den Angehörigen der »böhmischen Nation« (aus slawischen Territorien, Ungarn). Nur wenige Tage danach, am 18. Januar, beorderte König Wenzel die Repräsentanten der Universität nach Kuttenberg (Kutná Hora) und übergab ihnen ein Dekret. Es enthielt die Festlegung, dass die »böhmische Nation« fortan bei Abstimmungen über drei Stimmen verfügte. Damit werde das »Heimatvolk« als »echter Erbe dieses Königtums« endlich »seine gerechte Stellung«, die »böhmische Nation« in allen akademischen Belangen die einem »Heimatvolk« zustehende Bedeutung, erlangen. Die Änderung sei erprobt. Eine derartige Gewichtung der Stimmen sei an der Universität zu Paris und an denen der Lombardei längst üblich.

Auf diese Weise hatte König Wenzel die Weichen für die Teilnahme am Konzil gestellt, von dem auch er Reformen erhoffte. Jedoch dem Eingriff des Landesherrn in die traditionelle Rechtsordnung der Universität widersetzten sich viele Mitglieder der akademischen Gemeinde, vor allem Magister und Scholaren aus »meißnischen Landen«, aus Schlesien und Bayern. Nach »gutem alten Recht« wählten sie Henning von Boltenhagen zum Rektor. Ihm ließ König Wenzel daraufhin die Insignien seines akademischen Amtes gewaltsam entziehen. Schon wenige Tage später, am 16. Mai 1409, verließen etwa 500 »Auszügler« die Stadt an der Moldau – nach einigen Monaten zählte man etwa 700. Ein beachtlicher Teil von ihnen gelangte nach Leipzig.

Eine rasche persönliche Entscheidung – von großer Tragweite für das Land – müssen die beiden Wettiner Landesherren damals getroffen haben. Sie hatten ihren Protonotarius (»Geheimschreiber«) Nikolaus Lubich, Dekan der Erfurter Marienkirche, Anfang Mai zum Konzil nach Pisa beordert. Zu Reformen kam es dort nicht; aber ein neuer Papst, ein dritter also, wurde gekürt. Von ihm, der als Alexander V. »vorläufig« zu Bologna residierte, erwirkte der markgräfliche Abgesandte schon am 9. September den apostolischen

Segen für eine Alma Mater Lipsiensis. Der Papst bestätigte, »dass die Stadt Leipzig in der Merseburger Diözese, dem Vernehmen nach ein großer volkreicher Ort, in einer fruchtbaren Gegend, unter einem milden Himmel, mit allen Mitteln zum Genuss des Lebens, einer reizenden Umgebung und gebildeten Einwohnern hinlänglich versehen ... Ruhe und Sicherheit unter der weisen Regierung der edlen Brüder genießt...« und deshalb für das Studium generale besonders geeignet sei.

Eine detaillierte Anweisung des Papstes erging am 19. Dezember an den Bischof von Merseburg, den Kanzler der Universität, sowie an das Domkapitel von Merseburg, stets darüber zu wachen, dass Rechte, Güter und Einkünfte der Magister, Doktoren und Scholaren nicht unnötigen Eingriffen der Mächtigen des Landes ausgesetzt wurden.

Lubich, oberster Notarius der meißnischen Kanzlei, hatte gute Arbeit geleistet und die Landesväter hatten sich die päpstliche Zustimmung auch einiges kosten lassen. Lange vorher hatten sie der Universität jährliche Einnahmen von 500 Gulden aus ihrer »Rentkammer« zugestanden und sie mit zwei Kollegien ausgestattet. Zum »Großen Fürstenkolleg« an der Ritterstraße gehörte ein Hintergebäude mit Hörsälen und einer »Stube der Nationen« direkt über der Stadtmauer. Das »Kleine Fürstenkolleg« befand sich an der Schlossgasse gegenüber der Pleißenburg. Der Rat der Stadt erwarb schon im Juli ein Haus in der Petersstraße, um es den Magistern der Septem Artes, der »sieben freien Künste«, zu schenken. 1413 gab der bald wieder abgesetzte Papst Johannes XXIII. etliches dazu. Sechs Domherrenpfründe wurden »umgewidmet«. Von deren Einkünften wurden fortan Leipziger Professoren honoriert.

Die Universitäten zu Prag (1348) und Krakau (1364) waren von einem König gegründet worden, die zu

Köln (1388) und Erfurt (1379) vom jeweiligen Rat der Stadt. Am 2. Dezember des Jahres 1409 wurde die Gründungsversammlung der Leipziger Universität im Refektorium des Thomasklosters feierlich begangen. Die »Gründungsväter« waren zugegen, zwei Territorialfürsten. Die Zeit der Landesuniversitäten hatte begonnen, noch ganz im Zeichen scholastischer »Gelahrtheit«. Es entstand eine spätmittelalterliche Universitas Literarum. Sie umfasste alle damaligen Wissenschaften an vier Fakultäten. Die »Artistenfakultät« widmete sich den »sieben freien Künsten«, also der Grammatik, der Rhetorik, der Dialektik, der Arithmetik, der Geometrie, der Musik und der Astronomie.

Neuankömmlinge meldeten sich beim Rektor zwecks »Examen« und »Intitulation«, damit Geburtsort und Vermögen »erfragt« wurden, der Inskribent einer »Nation« zuzuordnen und auch fixiert war, was er zu zahlen hatte, bis zum Bakkalaureat, dem ersten akademischen Grad, meistens sechs Groschen, ab 1436 auf zehn erhöht. Wer nichts hatte, wurde auch immatrikuliert – mit dem Vermerk: pauper (arm). Nach Vorkenntnissen wurde offensichtlich nicht gefragt. Wer nicht Latein an Kloster- oder Stadtschulen oder bei Pfarrern gelernt hatte, musste es sich in Vorkursen aneignen. »Anfänger« begannen ihr Studium stets an der »Artistenfakultät« mit einem zweijährigen Kurs. Noch galten die Werke des Aristoteles als das Nonplusultra jeglicher Gelehrsamkeit, in mittelalterlichem Latein nach meist arabischen Übertragungen syrischer Übersetzungen der griechischen Urtexte. Allerdings waren sie auf diesem Wege oft missverstanden, umgedeutet, ja entstellt worden – Aristoteles in scholastischer »Verdünnung«.

An den anderen Fakultäten wurden Theologie, Jurisprudenz und Medizin gelehrt. Nach territorialer Herkunft gab es vier Universitätsnationen: eine »meißnische« für die wettinischen »Landeskinder« und wie zu Prager Zeiten die bayrische, die sächsische, die polnische, der die Theologen HJohann Otto von Münsterberg, der Rektor wurde und dessen Freund und Johann Hofmann, beide Schlesier, angehörten.

Im Jahre 1438 wurde die Universität auch »Grundherr« dreier Dörfer nördlich der Stadt, ein Geschenk des Kurfürsten. Fortan standen ihrer Verwaltung die Abgaben der Bauern aus Hohenheida, Gottscheina und Merkwitz zur Verfügung.

Disputation zweier Professoren im Beisein ihrer Studenten.

Zu den zahlreichen Erweiterungen in den folgenden Jahrzehnten gehörte das Collegium beatae Virginis, das »Frauenkolleg«, hervorgegangen aus Stiftungen Johann Ottos von Münsterberg und des späteren Rektors Johann Hofmann, seines Prager Freundes, welcher von 1427 bis 1451 Bischof von Meißen war.

So festigte sich innerhalb der städtischen Mauern ein beachtliches eigenständiges zweites »Gemeinwesen«, eine privilegierte Körperschaft, die ihre rechtliche Selbstständigkeit auszubauen vermochte. Manche Studiosi fanden auch Zugang zu Innungen, einige gelangten sogar in die Kaufmannschaft. Dem städtischen Leben und Treiben kam dies auf vielerlei Weise zugute, denn immerhin waren mindestens 10 Prozent der Bewohner Angehörige der »Universitätsnationen«. Von 1532 an durften Bürger Unterkünfte an Studenten vermieten, bald darauf gab es auch private Bursen. Am Herbergsgeschäft nahm nun selbst der Rat der Stadt Anteil; er eröffnete ein Wohnheim für Studiosi Nationis Misnicae. Die meisten Universitätsangehörigen blieben zu recht günstigen Bedingungen in den Kollegien und in Herbergen, den Bursen. Den Landesherrn gewannen sie sogar zum Fürsprecher für einen steuerfreien Bierausschank in den Kollegien, sodass der Rat, der sich lange gegen eine derartige Vergünstigung gesträubt hatte, ihren Forderungen nachgeben musste: jährlich 152 Fass Bier für das Große Kolleg, 80 Fass fürs Kleine Kolleg und fürs »Frauenkolleg« 46 Fass. Das rechte Maß schien den Kollegiaten aber verlorengegangen zu sein, als sie 1470 wegen der »teurer« gewordenen Zeiten auch noch Brot, Fleisch und Wein »akzisefrei« haben wollten. Der Kurfürst lehnte dies ab.

Von Jahr zu Jahr wurde es auf den Märkten der Stadt lebendiger. Auch Geschriebenes und Gedrucktes, lose auf Blättern oder gebunden, oft von weither in den damals üblichen Fässern befördert, kam in den Handel, nach der Erfindung der Druckerpresse immer mehr Bücher. Schreiber, Rubrikatoren (»Ausmaler« von Anfangsbuchstaben), Buchmaler und Buchbinder gab es, wie an höheren Bildungsstätten üblich, an der Universität von Anfang an. Es muss hier aber auch seit den 70er Jahren eine Druckerpresse gestanden haben, denn der Theologieprofessor Andreas Friesner hatte sie mit den dazugehörigen Werkzeugen lange schon in seinen Fakultätsräumen stehen, bevor er sie 1491 bei seinem Weggang nach Rom dem Paulinerkloster schenkte.

Viele Impulse, die von der Alma Mater Lipsiensis ausgingen, konnten erst in Wechselwirkung mit Faktoren der wirtschaftlichen, sozialen und geistig-kulturellen Entwicklung des gesamten Landes allmählich zu größerer Wirkung gelangen. Die Hohe Schule war stets »die höchste Ebene, auf der Bildung und Gelehrsamkeit erlangt werden konnte« (Blaschke) und somit unentbehrlich für den mühsamen Weg in die Neuzeit. Freilich war sie noch nicht die »hochleuchtende universitet«, als die sie zu Beginn des 20. Jahrhunderts Adrian Leverkühn in Thomas Manns Roman »Doktor Faustus« erschien.

Wie man ein »Sanftmütiger« wird

Friedrich II., seit 1428 Kurfürst von Sachsen, regierte laut Reichsgesetz in den Kurlanden allein, im Meißnischen und im Osterland auf Wunsch des verstorbenen Vaters zunächst »gemeinsam« mit seinen drei Brüdern Wilhelm, dem späteren Landgrafen Wilhelm III., sowie Heinrich und Sigismund. Das war allerdings »Formsache«, denn alle drei waren noch minderjährig, Wilhelm sogar nur drei Jahre alt. Ihr Mitregieren musste deshalb von Räten und Vögten besorgt werden. Dass König Sigmund dagegen keinen Einspruch erhob, lag vermutlich an den Erwartungen, die er in die Wettiner setzte. Er kannte Friedrich recht gut, der als Elfjähriger im Jahre 1423 Page am königlichen Hof geworden war. Bei Antritt der Herrschaft war Friedrich also auch noch nicht »volljährig«, aber er verstand in »Regentschaft« umzumünzen, was ihm an ritterlicher und höfischer Bildung vermittelt worden war. Seine Räte »servierten« ihm das dazu erforderliche »Herrschaftswissen« und sicherlich auch manche Entscheidung.

Nicht einfacher wurde das »gemeinsame« Regieren, nachdem Bruder Heinrich 1435 gestorben war. Allerdings gebot die Erfahrung, die herrschaftlichen Befugnisse klarer gegeneinander abzugrenzen, zunächst für neun Jahre. Doch diese Aufgabenteilung war schon ein Jahr später hinfällig, weil sich Sigismund plötzlich bereit erklärte, Geistlicher zu werden – einer schönen Nonne zuliebe, wie man munkelte. Eine erneute Vertragsänderung war erforderlich, um ihm sein Leibgedinge zuteil werden zu lassen.

Wie eng fürstliche Familienpolitik damals mit politischem Ränkespiel verflochten sein konnte, zeigen die Ärgernisse, die Kurfürst Friedrich und Herzog Wilhelm mit ihrem Bruder Sigismund auszustehen hatten, der es nicht lassen konnte, »sein eigenes Süppchen zu kochen«. Im Jahre 1437 sahen sie sich gezwungen, ihn nach Freiberg in Gewahrsam bringen zu lassen, freilich in fürstlichen. Sechs Ritter leisteten ihm Gesellschaft. Und Kurfürst Friedrich mühte sich lange Zeit, ihn dem bischöflichen Stuhl zu Würzburg beizugeben, damit er in einem seinesgleichen würdigen Amt zu Ehren gelangte. Doch alle Absprachen waren hinfällig, denn schon am 10. Januar 1440 musste er ohne entsprechende Vorbereitung die Nachfolge des verstorbenen Bischofs antreten. Das Domkapitel kam jedoch mit dem eigensinnigen »Neuling« nicht zurecht; auch Beschwerden beim Kurfürsten führten zu nichts. Sigismund nutzte die Spannungen zwischen Sachsen und Brandenburg. Er floh nach Ansbach zu Markgraf Albrecht I. von Brandenburg-Ansbach (später Albrecht Achilles genannt), ließ sich von einem Anhänger des »Gegenpapstes« Felix V. die Weihe erteilen. Das war gegen alle Abmachungen der Wettiner mit dem Würzburger Hochstift. Es kam zu einer Fehde, in der die Brandenburger, ohnehin mit den sächsischen Nachbarn im Streit um die Lausitz, für Sigismund Partei ergriffen. Kurfürst Friedrich und sein Bruder Wilhelm zogen den kürzeren. Markgraf Albrecht I. vermochte eine größere Streitmacht aufzubieten. Sie half Sigismund, sich zu Würzburg zu behaupten, obwohl das Stiftsgebiet auf dem Marienberg in den Händen seiner geistlichen Widersacher blieb. Doch nun erwies sich, dass Friedrichs Beiname Placidus nicht mit »der Sanftmütige« übersetzt werden sollte. Er zeigte sich »gelassen«, »geschmeidig«. An der Situation konnte er noch nichts ändern. Der Schiedsspruch eines Fürstengerichts zu Halle am 3. April 1441 forderte den Status quo. Perfekt wurde dieses »Friedenswerk« dadurch, dass Katharina, die Schwester des Kurfürsten, den Brandenburger Friedrich II., genannt »der Eiserne«, heiratete. Damit hatte Bischof Sigismund endgültig verloren. Anfang Juni 1441 setzte der neue Kaiser Friedrich III. zu Würzburg einen Stiftspfleger ein. Und am 19. November 1441 wurde Sigismund auch päpstlicherseits seines Amtes enthoben. Seine neuen Erbansprüche wehrten seine Brüder ab. Da er weiterhin Intrigen spann, ordneten sie erneute »Verwahrung« an, zunächst auf Schloss Scharfenstein, dann zu Rochlitz, wo er lange Zeit verbrachte und am 24. Dezember 1463 verstarb.

Das Jahr 1440 bescherte Friedrich und Wilhelm bei ihrem »gemeinsamen Regieren«, das immer öfter von Reibereien und Quertreibereien auch seitens ihrer Ratgeber gestört wurde, ein weiteres Problem. Der Landgraf von Thüringen, Friedrich der Friedfertige, ein Onkel also, war gestorben. Erben waren die meißnischen Wettiner, Friedrich und Wilhelm.

Dass Erbschaften Familien, ja ganze Sippen in Zwietracht stürzen können, scheint seit eh und je vor allem herrschende Kreise und demzufolge deren Lande zu belasten. Und so kam es auch diesmal. Zu Leipzig begann im gleichen Jahr noch der Streit um die Aufteilung des Nachlasses. Es dauerte fünf Jahre, bis 1445 zu Altenburg der gesamte Besitz – die Bergwerke und Freiberg ausgenommen – sowie die Schulden, 283 053 Gulden und 59 Groschen, der Teilung unterzogen werden konnten. Doch diese Regelung geriet zur Farce, da sich Friedrich und sein jüngerer Bruder Wilhelm, vor allem aber ihre Räte, darüber uneins waren, wer von beiden die Teile und die jeweiligen »Anhängsel« bestimmte. Bruder Wilhelm beharrte sogar entgegen der Festlegung in der Goldenen Bulle lange Zeit darauf, auch das Herzogtum Sachsen in die Teilung einzubeziehen. Er sah schließlich ein: »Reichsrecht« konnte auch er nicht ändern.

Nun endlich kam man zur Sache: Nach altem sächsischen Recht teilte der Ältere, der Jüngere hatte die Wahl. In diesem Falle aber wollte man es anders, sicherlich in der von den meisten Räten genährten Erwartung, dass sich der Wählende für den Teil entschied, der ihm durch die vorangegangene gemeinsame Regierungszeit am vertrautesten war. Es gab dennoch eine Überraschung. Hatte man nicht bedacht, dass bei der von Wilhelm bestimmten Aufteilung Meißen als der »reichere« Teil eingestuft werden würde? Dieser Part sollte 71 412 Gulden und 18 Groschen mehr Schuldenlast tragen als der andere! War Friedrich darüber verärgert? Er wählte Thüringen und enttäuschte damit Wilhelm und dessen thüringische Günstlinge. Wilhelm erhob Einspruch. Wie aus dieser vertrackten Situation herauskommen? Denn nun fanden auch die Landstände Meißens und des Osterlandes ein Haar in der Suppe. Sie erklärten sich berechtigt, darüber zu befinden, welchem Landesherrn sie sich zugehörig fühlten. Es mussten weitere hohe Herren herbeigerufen werden, sogar Fürsten aus Nachbarregionen, der Erzbischof von Magdeburg, der Landgraf von Hessen, der Markgraf von Brandenburg. Dieses Schiedsgericht erließ am 11. Dezember 1445 zu Halle einen »Machtspruch«: Kurfürst Friedrich II. erhält Meißen und Altenburg sowie einige Städte des Osterlandes, sein Bruder wird Herzog Wilhelm III., Landgraf von Thüringen.

Das aber passte dem Jüngling Wilhelm und einigen seiner Räte nicht mehr ins Konzept. Sie witterten eine noch größere Chance für sich. Sie wandten sich an den böhmischen König und stellten mit dessen Hilfe Friedrichs Erbberechtigung überhaupt infrage. Der Streit eskalierte; auch Friedrich verstand nun keinen Spaß mehr. »Bruderzwist heftig ist«, bewahrheitete sich von einem Tag zum anderen. Ausgerechnet am Tag der Hochzeit Wilhelms mit Anna von Habsburg im August 1446 überfiel er mit seinen Reisigen Roßla, ein Besitztum der Brüder Apel und Busso von Vitzthum, der engsten Vertrauten Wilhelms, verwüstete das Schloss und die ganze Gegend. Sein »Kriegsoberst«, der Ritter Hermann von Harras, »verdiente sich« dabei den Beinamen »der Brandmeister«. Mit seinen Knechten schaffte er es, an einem einzigen Tage 60 Dörfer niederzubrennen. »Bruderzorn, Höllenzorn!«, ward nun zur grausigen Erfahrung der einfachen Leute. Ein Lied erklang bald vielerorts: Aber so wölln wirs heben an / wie sichs hat angespunnen: / Es ist in unser Herrn Land sogestalt / dass die Herrn Rät treiben groß Gewalt. / Darauf han sie gesunnen.

Das Hochzeitsfest zu Jena wurde abgebrochen, das Festmahl und viele der Vorräte, die für immerhin 4000 Gäste vorgesehen waren, an Arme verteilt. Wilhelm eilte nach Weißenfels, um Verteidigung und Gegenwehr vorzubereiten. Doch Friedrich erwies sich als der Bedächtigere; auf Anraten des brandenburgischen Kurfürsten kehrte er nach Meißen zurück und empfahl seinem Bruder, sich von seinen »schlimmen« Ratgebern, den Brüdern Vitzthum, zu trennen, Vernunft walten zu lassen. Das aber brachte den dicken, ungestümen Wilhelm, dem selbst einige seiner bislang ergebensten Vasallen die Gefolgschaft verweigerten, erst recht in Harnisch. Man sagte ihm ja nach, dass ganz Thüringen wackelte, wenn er »gestiefelt und gespornt« zu Weimar über den Schlosshof rannte. Er geriet in Rage. 9000 böhmische Söldner mietete er, Reste der taboritischen

Hussiten, die sich Zebracken nannten, »Brüderrotten«, und schickte sie gegen seine Widersacher. Die Söldner wüteten grausam, wohin sie auch geschickt wurden. Des Kurfürsten Leute vergalten es in gleicher Weise vor allem an den vitzthumschen Besitzungen Roßla, Sulza und Reinstädt.

Nach mehreren vergeblichen Vermittlungsversuchen seitens der brandenburgischen und hessischen Nachbarn schien 1447/48 eine gütliche Einigung zustande zu kommen. Jedoch hatte sich nun unter den Schwarzburger Grafen Zündstoff angehäuft, der auch die beiden feindlichen Brüder Friedrich und Wilhelm erneut in eine Fehde gegeneinander verstrickte. Zahllose Ortschaften wurden dabei zu rauchenden Trümmern. Aber dann ging es erst richtig los. Kurfürst Friedrich II. von Sachsen war wegen einiger Lausitzer Besitztümer mit dem brandenburgischen Kurfürsten Friedrich II., der »Eiserne« genannt, ebenfalls in Streit geraten. Er wurde zu einem offenen Krieg. In die Auseinandersetzungen griffen die alten böhmischen Widersacher des sächsischen Kurfürsten als Verbündete der Brandenburger, der Bayern und des Landgrafen Wilhelm ein, während sich der katholische Adel Böhmens und der Lausitz auf Friedrichs Seite schlug. Noch immer erhob Georg von Podiebrad, einer der Führer der gemäßigten hussitischen Reformer und seit 1448 Böhmens Landesverwalter, Anspruch auf ehedem von der Krone seines Landes zu Lehen gegebene Orte im Meißnischen und in Thüringen. Es waren alles ältere »Besitztitel«, meist noch aus Zeiten, in denen die territorialen Verhältnisse sehr ineinander verschlungen waren. Mit 20 000 Kriegern fiel er ins Meißnische und ins Vogt- und Osterländische ein; Döbeln, Mittweida, Altenburg und Borna wurden erobert, geplündert und in Brand gesteckt. Mit Landgraf Wilhelm und seinen Söldnern vereinigte er sich im Juli 1450 zu Pegau. Am 15. Oktober erstürmten die Eindringlinge Gera, sie wüteten in der Stadt und im Umland aufs barbarischste; die meisten ihrer Bewohner sollen sie getötet haben. Reiche Beute nahmen sie mit; auch viele Gefangene wurden nach Böhmen verschleppt.

In den Kämpfen um Gera hatte Kurfürst Friedrich II. unmittelbar an der Weißen Elster den gegnerischen Verbündeten, also auch seinem Bruder, gegenübergestanden. Man erzählte sich später, »ein in der Kunst des Schießens wohlerfahrener Büchsenmeister« habe sich erboten, den Landgrafen vom Pferd »herunterzuholen«. Die Antwort des Kurfürsten: »Schieße, wen du willst, nur meinen Bruder nicht!«

Wurde Friedrich, dem die Hofgeschichtsschreiber ein versöhnliches, bedachtsames Wesen bescheinigten, aufgrund dieser Episode mit dem Beinamen der Sanftmütige bedacht? Die Legende stellt es so dar. Landgraf Wilhelm soll zu Tränen gerührt gewesen sein, als man ihm berichtete, dass sein Bruder auf ihn zu schießen verbot. War man auf beiden Seiten des langen Mordens endlich überdrüssig? Oder fürchtete man die angedrohte Acht des Kaisers? Am 27. Januar 1451 kam zu Pforta bei Naumburg ein Friedensschluss zustande. Eine Aussöhnung der Brüder?

Friedrichs Gemahlin Margaretha veranlasste zum Dank für das Ende des Bruderkrieges eine fromme Stiftung und Herzog Wilhelm III. ließ zum Zeichen der Sühne eine Wallfahrtskirche im Dorf »Zu den 14 Nothelfern bei Ihene« bauen. Hier gab es eine Quelle, der man wundertätige Kräfte zuschrieb: Vierzehnheiligen bei Jena.

Wilhelm soll endlich zur Einsicht gekomen sein. Als ihn seine Räte davon abhalten wollten, sich mit seinem Bruder in Leipzig zu treffen, habe er geantwortet: »Ich will gern willig sterben, wenn ich zuvor gesehen, dass die ge-straft werden, die solch Feuer angezündet und weidlich zugeschürt haben.« Tatsächlich ließ Wilhelm die Güter seines einstigen Freundes Apel von Vitzthum besetzen. Der nach Böhmen Entflohene soll einige Jahre später sogar versucht haben, Wilhelm dort umbringen zu lassen. Der Konflikt schwelte also weiter. Sogar eine kaiserliche Kommission beschäftigte sich im Jahre 1470 damit; doch gegen die 750 000-Gulden-»Schadenersatz«-Forderung der Herren von Vitzthum machte Landgraf Wilhelm eine Gegenrechnung auf, und so blieb der Streitfall in der Schwebe, bis nach dem Tod Apels und Bussos von Vitzthum. Deren Söhne erhoben keine Ansprüche mehr; sie traten gegen gute Bezahlung sogar in Wilhelms Dienste.

Kunz von Kauffungen.

Eine folgenreiche Episode des Bruderkrieges wird allerdings wegen ihres Nachhalls nie in Vergessenheit geraten: der Altenburger Prinzenraub durch Kunz von Kaufungen, der sich für seine dem Kurfürsten erwiesenen Dienste – er stand zu ihm nicht in Lehensabhängigkeit – ungenügend entschädigt sah. Zudem fand er auch bei Schiedsgerichten, wie er meinte, zu wenig Beachtung. In der Nacht vom 7. zum 8. Juli 1455 gelang es ihm, die jungen Prinzen Ernst und Albrecht zu entführen. Wie die Geschichte ausging, ist bekannt. Das Unternehmen »Prinzenraub« vollzog sich ganz im Stile der Zeit.

Der Kurfürst führte nach der Befreiung seiner Söhne zunächst Klage darüber, dass »ihm nicht ... die Fehde angesagt worden« war. Er habe den Fehdebrief erst neun Stunden nach der Tat erhalten. Es half Kunz nichts, dass er versicherte, dem Boten das Schreiben rechtzeitig, am 4. Juli, übergeben zu haben.

Merkwürdig auch für die Zeitgenossen erschien die Eile des für einen solchen Fall eigentlich nicht zuständigen Freiburger »Gerichts der Berggeschworenen«: Tat, Gefangennahme, Anklage, Prozess, Urteil, Hinrichtung – alles in nur einer Woche! War der Angeklagte, ein Ritter von Rang und Namen, nach damaliger Rechtslage überhaupt eines Verbrechens schuldig, das mit dem Tode bestraft werden konnte? Für Angehörige seines Standes war diese Entführung eine der noch immer weitverbreiteten »unanständigen«, also sittenwidrigen Handlungen, mit denen man sich Recht zu verschaffen suchte, wenn man meinte, es nicht auf »normale Weise« erlangen zu können. Was man von einem »Sanftmütigen« hätte erwarten können, dem entsprach das Urteil keinesfalls – einer Staatsräson schon! Nach all den Querelen und Unbotmäßigkeiten der vergangenen Jahrzehnte, die das Land mehrmals an den

Rand des Abgrunds gebracht hatten, sollte der trotzige Eigensinn adliger Herren nicht weiterhin zu blutigen Händeln ausufern. Die »große Zeit« der Ritter war längst vorbei.

Wie ernst Friedrich sein Amt nahm, zeigt eine Affäre am »Rande« des Bruderkrieges. Das mit den Ständen seines Herrschaftsbereiches vereinbarte Kontingent an »Mannen in Harnisch« verlangte er auch von der reichen Stadt Freiberg, die allerdings bei der Teilung wie die Bergwerke beider Eigentum geblieben war. Er glaubte sich dazu im Recht, da er versichert hatte, das Freiberger Aufgebot nur gegen den aufrührerischen Apel von Vitzthum einzusetzen. Doch die Freiberger beharrten auf ihrer Ablehnung.

In der Nacht rückte der Kurfürst mit starker Streitmacht in die Bergstadt ein. Auf dem Marktplatz ließ er eine Wagenburg errichten. Trommelschläge und Trompetengeschmetter schreckten die Bürger auf. Ein Ausrufer verkündete: Ratsleute und Vertreter der Stände bringen ihrem fürstlichen Gebieter unverzüglich die geschuldete Huldigung dar und leisten ihm Folge. Anderenfalls drohe ihnen Verlust an »Leib, Leben und Gut«.

Niklas Weller (von Molsdorf), der Älteste der Räte, rief die angesehensten Bürger zusammen. Er ermahnte sie, den auf beide Herren geleisteten heiligen Eid nicht zu brechen, dem »guten, alten Recht« treu zu bleiben bis in den Tod. In Sterbekitteln erschienen sie dann vor dem Kurfürsten. Weller erbot dem gestrengen Herrn in ihrer aller Namen den schuldigen Respekt. Er habe sich als allzeit gütiger, gerechter Fürst erwiesen und nie Unbilliges, ihr Gewissen Belastendes von ihnen verlangt. Ihr Eid aber sei unteilbar. Er gelte auch dem Landgrafen und sie wüssten nicht, wie sie dem kurfürstlichen Gebot nachkommen sollten, ohne ewigen

Schaden an der Seele zu nehmen. »Ehe ich soll meinen gnädigen Fürsten und Herrn, dem ich gehuldigt und geschworen habe, verraten, will ich mir jetzund alsbald vor Eurer kurfürstlichen Gnaden Augen meinen alten, grauen Kopf abhauen lassen.«

Friedrich ritt an den greisen Ratsherrn heran, klopfte ihm auf die Schulter: »Nicht Kopf ab, Alter, nicht Kopf ab! Wir bedürfen solcher Leute, die Eid und Pflicht beherzigen.« Als er wieder mit seiner Streitmacht abrückte, hatte er dennoch eine städtische »Hilfeleistung« gegen seine Widersacher »in der Tasche«: alle gerade vorhandenen Einnahmen der »Bergkasse«, deren Hälfte eigentlich seinem »feindlichen« Bruder Wilhelm gehörte.

Kein Frieden im Heiligen Römischen Reich

Im Jahre 1464 starb Kurfürst Friedrich II., der Sanftmütige. Bereits 1459 hatte er »verfügt«, dass seine Söhne Ernst und Albrecht zumindest bis zum 20. Lebensjahr Albrechts das Land gemeinschaftlich regierten, davon ausgenommen das mit der Kurwürde verbundene Herzogtum Sachsen-Wittenberg, das allein dem Ältesten zustand.

In Dresden hielten die beiden Brüder nun Hof. Viel Zeit dazu hatten sie nicht. Gerade zu Beginn ihrer Herrschaft überzogen politische Ungewitter jene Gegenden, die durch den 1459 zu Eger geschlossenen Vertrag befriedet schienen. Heinrich II. von Plauen hatte im Streit mit Edelleuten seiner Grafschaft nicht verhindert, dass in Kraslice (Graslitz) das Schloss zerstört wurde. Böhmens König Georg von Podiebrad entzog ihm nun das Lehen. Graf Heinrich erreichte daraufhin im Jahre 1465 vom Papst den Bannspruch über seine Widersacher. Doch diese riefen Kurfürst Ernst zu Hilfe, und auch Georg von Podiebrad leistete den im Vertrag von Eger vereinbarten kriegerischen Beistand. Die Fehde endete 1466 mit einem Sieg der Verbündeten.

Schloss und Herrschaft Plauen erhielt nun Herzog Albrecht von seinem Schwiegervater Georg Podiebrad zu Lehen. Papst Paul II. war darüber empört. Er forderte Kurfürst Ernst auf, die Beziehungen zum »Ketzer Jürgen, der sich König von Böhmen nennt«, abzubrechen. Er sei von ihm mit Hinterlist dahin geführt worden, »dem rechtgläubigen Manne, des Papstes lieben Sohn, Heinrich von Plauen ... mit gewaltiger Hand die

Stadt und das Schloss Plauen abzunehmen«. Es drohe ihm Acht und Bann, wenn er nicht »dieser unwürdigen Freundschaft« entsage. Die wettinischen Brüder antworteten ihm gemeinsam. Sie verbaten sich jegliche Einmischung in ihre Landespolitik und betonten in dem Brief an den Heiligen Vater ihre Einmütigkeit. Sie beide seien »wie zwei junge Ölbäume«, die sich »aus einem guten Stamme« erheben. Diese Unnachgiebigkeit gegenüber der Kurie brachte ihnen Ärger mit dem Kaiser ein, der sich entschlossen zeigte, gegen den böhmischen König vorzugehen, dessen Politik den habsburgischen Hausmachtinteressen seit langem zuwiderlief.

Ein glücklicher Zufall spielte den Wettinern bei ihrem »hauseigenen« Zwist mit den Plauener Grafen einen Trumpf in die Hände, verhinderte ein weiteres Gezerre in diesem Machtspielchen: Heinrich Reuß von Plauen geriet in ihre Gefangenschaft. Sie zögerten nicht, ihn einzusperren, ihn »ruhigzustellen«. Offensichtlich beherzigten sie die alte »Weisheit«: »Kommt Zeit, kommt Rat.« Warum sie den Gefangengesetzten nach einiger Zeit freiließen, darüber gibt es nur Vermutungen.

Den Wettinern schien Neutralität das geeignete Mittel zu sein, sich aus dem drohenden größeren Konflikt herauszuhalten, zumal die Stimmung im eigenen Land noch immer von antihussitischen Ressentiments aufgeladen war. In Leipzig und Erfurt zogen Magister und Scholaren mit erhobenen Kreuzen durch die Straßen, um zum Kampf mit dem Schwert gegen den »Ketzerkönig« aufzurufen. Anlass dazu hatte Matthias Corvinus, König von Ungarn, gegeben, der mit seinem Heer in Böhmen einmarschiert war. Jedoch Georg von Podiebrad erzwang von ihm einen Waffenstillstand. Kurze Zeit später brach der Kampf erneut aus. Ein päpstlicher Legat erhob zu Olmütz den Ungarn zum Markgrafen von Mähren und König von Böhmen. Doch wirksam wurde diese Entscheidung nicht. Die Machtfrage blieb ungelöst. Denn auch Kasimir von Polen wollte die böhmische Krone für seine Dynastie erlangen. Er schlug vor: Sein Sohn Wladislaw heiratet eine Tochter des »Ketzers« und wird dann dessen Nachfolger auf dem Thron.

Albrecht der Beherzte.

Ehe vom Kaiser eine Antwort erfolgt war, änderte sich die Situation erneut. Am 22. März 1471 starb König Podiebrad. Am sächsischen Hof hielt man es im Interesse des eigenen Landes für geboten, an dem Wetteifern um die freigewordene Krone teilzunehmen. Wen mochte man als künftigen Nachbarn, wen nicht? Wäre Herzog Albrecht nicht ein aussichtsreicher Kandidat? Würden nicht auch böhmische Adlige in dem Schwiegersohn des Verstorbenen einen Beschützer ihrer Interessen sehen?

Kurz nach Ostern zog Albrecht an der Spitze eines Geleits von mehr als 5000 Gefolgsleuten, begleitet von Trommlern und Pfeifern, mit 400 Wagen in Prag ein, um seiner Bewerbung den nötigen Glanz zu verleihen. Wiederum war es ein »Plauener«, der Sohn des von den Wettinern vertriebenen Heinrich II., der sich gemeinsam mit päpstlichen Abgesandten am eifrigsten bemühte, den kursächsischen Verwandten des »Ketzerkönigs« die »Suppe zu versalzen«. Es wurden mehrere Bewerber »ins Rennen geschickt« und sie vermochten auch die »üblichen« Zuwendungen für ihre »Fürsprecher« aufzubringen. Die Wahl zu Kuttenberg am 29. Mai des Jahres 1471 gewann Wladislaw, der Sohn König Kasimirs von Polen. Die böhmischen Stände hatten damit einen »Gegenkönig« erkoren, denn bereits 1469, also noch vor dem Tode des »Ketzerkönigs« Georg, hatte eine böhmische katholische Bewegung dem Ungarn Matthias Corvinus die böhmische Krone angetragen.

Das politische Ränkespiel um Einfluss und Macht über Landesgrenzen hinweg nahm zu dieser Zeit immer größere Ausmaße an. Das Heilige Römische Reich schien aus den Fugen zu geraten. Kriegerische Bedrohungen von außen und innere Konflikte hatten es vor allem wirtschaftlich geschwächt. Hausmachtbestrebungen der Fürsten hatten die Zentralgewalt in ihrer Wirksamkeit eingeschränkt. Kaiser Friedrich III., der 1440 die Herrschaft angetreten hatte, wollte dem Reich wieder innere Stabilität verleihen, vermochte aber nicht einmal, die Auseinandersetzungen in seinen eigenen habsburgischen Erblanden einzudämmen. Dass türkische Heerscharen bereits bis Siebenbürgen vorgedrungen waren, schien ihn nicht zu beunruhigen. Zeitgenossen beschrieben ihn als unscheinbaren, wortkargen, sehr zurückhaltenden Mann, »phlegmatisch« bis zur Unerschütterlichkeit, jedem Prunk abhold. Seine Regierungsgeschäfte habe er jedoch nie vernachlässigt, obwohl er sich viel lieber der Astrologie, der Alchemie widmete oder Perlen- und Edelsteinsammlungen anlegte. Erst einmal abwarten, was auf einen zukommt, war offensichtlich seine »Maxime«. Probleme »aussitzen« – das konnte auch damals schon »Politik« sein. In seinem Notizbuch bekannte er:

»frid macht reichtum, reichtum macht hochfart, hochfart macht unainigung, unainigung macht krieg, krieg macht armut, armut macht diemutigkeit, diemutigkeit macht frid.«

Ganz einfach also, Frieden zu schaffen, wenn man ihn haben will! – Um den Frieden blieb es jedoch in weiten Teilen seines Reiches schlecht bestellt. Auch die auf dem Reichstag zu Frankfurt am Main im August 1442 von ihm erlassene »Reformation« brachte nicht den verkündeten Landfrieden. Sein kaiserliches Hofgericht hatte schon seit 1451 nichts mehr zu bestellen. Die Territorialherren besaßen inzwischen eigene hohe Gerichtsbarkeit. Des Kaisers Einfluss schwand noch mehr, als er sich in Streitigkeiten um eine Kirchenreform auf die Seite des Papstes schlug – im Gegensatz zu zahlreichen Fürsten, gegen die Mitbestimmung der Kurie in wichtigen politischen Fragen Front zu machen begannen. Das änderte sich erst, als die Türken in seine Erblande einfielen, das Herzogtum Burgund unter Karl dem Kühnen seit dem Jahre 1467 als scharfer Konkurrent auftrat, Königreich werden wollte und Lothringen sowie das Elsass beanspruchte. Auf dem Reichstag zu Regensburg im Jahre 1471 suchte Friedrich wieder stärkeren Rückhalt bei den deutschen Landesherren. Nach 27 Jahren hielt er sich erstmals wieder in den »Kerngebieten« seines Reiches auf. Unterstützung brauchte er, als Karl der Kühne 1474 mit seinen Streitkräften ins Reichsgebiet eindrang. Er fand einen entschlossenen Feldherrn in Herzog Albrecht, der in kurzer Zeit Tausende Söldner für den »Reichskrieg« gegen die Burgunder aufzubieten vermochte. Der Wettiner hatte großen Anteil daran, dass es 1475 gelang, den Gegner zu bewegen, die Belagerung der Stadt Neuss aufzuheben. Ritterlich auf burgundische Art erwies sich der zum Abzug bereite Karl der Kühne. Er gab zum Abschied ein glanzvolles Fest, zu dem er seine Gegner, die beiden Führer des Reichsheeres, einlud: Kurfürst Albrecht Achilles von Brandenburg und dessen beträchtlich jüngeren sächsischen Schwager Herzog Albrecht.

Hohe Anerkennung für diese Lösung des Konflikts zollte der Kaiser dem »ritterlichen« Feldherrn aus Sachsen. Er ehrte Herzog Albrecht als »des Reiches gewaltigen Marschall und Bannermeister«.

Letztlich löste sich das »burgundische Problem« zugunsten des Hauses Habsburg auf »bewährte« Weise – durch »Abwarten« und durch Heirat. Herzog Karl der Kühne fiel 1477 im Kampf gegen die Schweizer Eidgenossen. Seine Tochter und Erbin Maria ehelichte Kaiser Friedrichs III. Sohn und späteren Thronfolger Maximilian. Die Basis für den Aufstieg zur europäischen Hegemonialmacht wurde dadurch sehr gefestigt.

Kurfürst Ernst von Sachsen.

Um in der »großen Politik« nicht ins Hintertreffen zu geraten, unterstützten Kurfürst Ernst und Herzog Albrecht die Bemühungen des Kaisers um eine »Reichsreform« auch im Interesse der eigenen Hausmacht. Zugleich unterhielten sie Kontakte zum Ungarnkönig Matthias, der gegen den Nachfolger König Podiebrads, den Polen Wladislaw, erfolgreich war. In Mähren, der Oberlausitz, in Teilen Schlesiens hatte er Fuß gefasst. Das war ihm gelungen, nachdem er die missliche Situation, in die Kaiser Friedrich III. bei seinen zahlreichen kriegerischen Verwicklungen geraten war, zur Stärkung seiner eigenen Hegemoniebestrebungen ausgenutzt hatte: Im August 1477 war er mit Heeresmacht in

Österreich eingefallen, und schon am 1. Dezember stimmte der Habsburger einem Friedensvertrag zu. Der Krieg wurde mit dem Frieden zu Olmütz im Jahre 1479 beendet: Der Ungar gibt die besetzten habsburgischen Gebiete wieder frei. Er erhält dafür vom Kaiser 100 000 Gulden. Die böhmischen »Nebenländer« Mähren und Schlesien, die Nieder- und die Oberlausitz bleiben in seinem Besitz. Matthias Corvinus darf weiterhin den Titel »König von Böhmen« führen. Sollte einer der beiden »Könige« sterben, verbliebe die Krone bei dem Überlebenden. Eine gute Lösung der Konflikte war das nicht. Den Rivalitäten im Kampf um die Vormacht in diesem Raum gab das höchstens neue Impulse. Waren nun auch die Wettiner zu einem Doppelspiel gezwungen? Es wurde problematisch für sie, als es zwischen Matthias und Kaiser Friedrich III. erneut zum Krieg kam und der Kaiser von Herzog Albrecht im Frühjahr 1480 verlangte, mit seinem Heer zu Linz an der Donau gegen die Ungarn Stellung zu beziehen. Des Herzogs Ablehnung war unmissverständlich. Dieser Zwist sei keine Reichsangelegenheit. Überdies mache ihm die Lage seiner Lehen in Schlesien und der Oberlausitz inmitten des von dem Ungarnkönig beherrschten Gebietes Neutralität geradezu zur Pflicht.

Nicht neutral blieben die Sachsen, als der Kaiser Hilfe gegen die immer weiter vorrückenden Türken erbat. Albrecht schickte ihm ein Aufgebot unter Führung des Ritters Sittich von Zedtwitz. Er war 1483 allerdings der einzige Reichsfürst, der sich auf diese Weise gegen die Bedrohung des Reiches zur Wehr setzte. Zum Dank dafür versprach ihm der Kaiser die »Eventualbelehnung« mit den niederrheinischen Herzogtümern Jülich und Berg.

Im Jahre 1486 sah sich Friedrich III. schließlich gezwungen, die Reichsstände um Hilfe gegen den drohenden Verlust seiner eigenen Erblande, des Herzogtums Österreich, der Steiermark und Kärntens, zu bitten. Matthias Corvinus war mit starken Streitkräften erneut weit vorgedrungen. Herzog Albrecht führte von August bis Dezember 1487 das Reichsheer gegen die Ungarn, jedoch ohne nennenswerten Erfolg, weil die vom Kaiser zugesagte Unterstützung ausblieb. Fast alle Gefechte musste der kaiserliche Feldhauptmann gegen übermächtige Gegner führen. Mitte September 1487 gelang es ihm bei Negau im Herzogtum Steiermark, sich einen ganzen Tag lang der zahlenmäßig mehrfach überlegenen Ungarn zu erwehren. Erbittert darüber, dass die zugesagten Verstärkungen ausgeblieben waren, ließ er den Kaiser wissen, er befürchte nun für seine eigenen Truppen das Allerschlimmste. Noch einmal gelang es ihm, vor Bruck den wiederum übermächtigen Feind aufzuhalten. Endlich erlaubte der Kaiser Verhandlungen mit Matthias Corvinus. Mit viel Geschick erreichte Herzog Albrecht einen für Kaiser Friedrich ehrenvollen Waffenstillstand.

Seine feldherrliche Einsatzbereitschaft für Kaiser und Reich löste jedoch im eigenen Lande kritische Betrachtungen aus. Sie war zu kostspielig. Der Kaiser verspreche ihm Geld und Gut zum Lohne dafür, dass er ihm aus großer Bedrängnis heraushelfe. Aber es bleibe bei Versprechungen. Am Ende sei er trotz aller Ehrungen der Betrogene. Vom Kaiser, der ständig in Geldnöten stecke, sei jetzt und auch später nichts zu erwarten. Albrecht erläuterte schließlich vor den Ständen die Dringlichkeit seiner Einsätze. Er habe auf diese Weise dafür sorgen können, dass die sächsischen Lande unversehrt blieben. Man versicherte ihm, er brauche sich »wegen dieser Hauptmannschaft« nicht zu entschuldigen. Dennoch sei seine »Gegenwart im Lande tröstlich, notdürftig und nützlich«. Tatsächlich war der oberste Feldhauptmann seines kaiserlichen Onkels in einer schwierigen Lage. Damit ihm seine angeworbenen Söldner nicht davongelaufen waren, hatte er 30 000 Gulden aus eigener Tasche »vorgestreckt«, um ihnen den Sold auszahlen zu lassen. Mit all dem, womit er bereits bei anderen Gelegenheiten dem »Unternehmen Reichskrieg« wieder Schwung verliehen hatte, kam sein Rentmeister auf die stattliche Summe von 52 000 Gulden, um deren Erstattung sich der Kaiser, wie schon einige Male vorher, auch diesmal drückte.

Mit den wenigen Reformen, die der Herrscher den Ständen, um ihre Unterstützung zu erlangen, auf dem Reichstag zu Frankfurt hatte zugestehen müssen, war dennoch den Interessen der Landesherren gedient: Allmählich wurde der Reichstag zu einem der kaiserlichen Zentralgewalt gleichgewichtigen Zentrum.

Aber auch Friedrich III. war mit dem Erreichten zufrieden. Er hatte in den Verhandlungen des Jahres 1486 das Einverständnis der Kurfürsten erwirkt, die Krone des Reiches seinem Sohn Maximilian zu übertragen. Auf diese Weise waren die Bemühungen seines ungarischen Widersachers durchkreuzt, den eigenen Sohn an die Spitze des Reiches zu bringen. Schon am 16. Februar erfolgte die Wahl Maximilians zum »römischen König«, am 9. April Salbung und Krönung im Dom zu Aachen. Noch zu Lebzeiten eines Kaisers stand also dessen Nachfolger bereits parat. Das hatte es seit langem nicht gegeben!

Und auch diesmal war ein unschlagbarer »Dritter« mit Kaiser Friedrich III. im Bunde: der Tod. Am 6. April 1490 starb der Ungarnkönig Matthias erbenlos. Seine Truppen, die bis 1489 fast die ganzen österreichischen Erblande des Habsburgers erobert hatten, widerstanden nun nicht mehr den »Kaiserlichen«. Bereits im August war Wien, wo Matthias Corvinus seit 1485 residiert hatte, wieder habsburgisch.

Mit dem Erlass eines »Landfriedens«, der für zehn Jahre jegliche Fehde im Reich verbot, erlangte im Jahre 1486 zum ersten Male die Bezeichnung »Heiliges Römisches Reich Teutscher Nation« Bedeutung. Verwendet wurde der Begriff »Nationis Germanicae« aber schon um 1450 für den »deutschen Sprachraum«. Auch im Jahre 1486 war keinesfalls eine »staatsrechtliche Komponente« damit gemeint. Der Zusatz »Teutscher Nation« markierte territoriale Gegebenheiten, ihre Zugehörigkeit zu einem größeren Gebilde: Das Heilige Römische Reich war auf überwiegend deutschsprachige Gebiete reduziert. Eigentlich nicht in diesen »Rahmen« passte das vielsprachige Hausmachtterritorium des Trägers der Kaiserkrone seit 1452, das Herrschaftsgebiet der »deutschen Linie« der Habsburger. Das änderte sich auch nicht, nur kurz unterbrochen von 1742 bis 1745, bis zum Ende Reiches im Jahre 1806.

Zweisamkeit – brüderlich geteilt

Ein Regime zweier Brüder über ein Land, das »Familienbesitz« ist – eigentlich kein unlösbares Problem. Was aber, wenn das Land größer, reicher, vielschichtiger wird, Rivalitäten aufkeimen, wachsen und schließlich ausgetragen werden, Stände und Städte nach Eigenständigkeit trachten? Immerhin – fast zwanzig Jahre ging es gut im Lande Sachsen. Seit 1464 regieren Kurfürst Ernst und Herzog Albrecht gemeinsam.

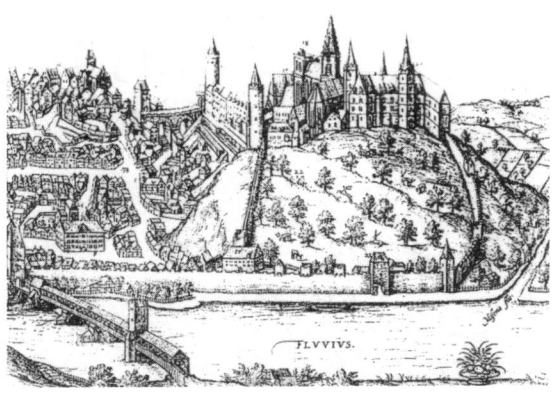

Der Burgberg zu Meißen.

Der Meißner Burgberg wurde sogar zum »Symbol« dieser Zweisamkeit. Die beiden Landesfürsten ließen von 1471 an hier ein Schloss erbauen, das erste deutsche, für zwei Hofhaltungen bestimmt, für eine gemeinsame Landesverwaltung vorgesehen. Es wurde erst 1521 vollendet und nie als Herrschaftssitz gebraucht.

Der Steinmetz Arnold von Westfalen, der Gestalter dieses »bedeutendsten deutschen Profanbaus des ausgehenden Mitelalters«, war seit dem 4. Juni 1471 »Landbaumeister«, ab 1476 mit einem Wochenlohn von 15 Groschen für Tätigkeiten »auf dem Bau« und mit einem festen Jahresgehalt von 22 Gulden. – Ein Gulden entsprach damals 21 Groschen; ein Paar Stiefel kosteten 18 Groschen, eine Elle Tuch 32 Groschen. – Auch zwei »Dienstpferde« standen ihm zur Verfügung, nicht nur für den Ritt zur Baustelle auf dem Burgberg. Als Landesbaumeister erfüllte er Aufträge in Dresden, Torgau, auf Burg Kriebstein, zu Frauenstein, auf der Rochsburg, in der Leipziger Pleißenburg und andernorts. Außerdem durfte er sich einmal im Jahr ein Hofgewand schneidern lassen. In seiner Bestallungsurkunde wird er als »der tauglichste und behendeste Werkmeister auf Steinwerk und Mauern zu machen« bezeichnet, der »nicht allein in der Kunst und Arbeit, sondern auch im Rat tauglich und gut« sei. Mit anderen Steinmetzen hatte er bereits 1464 eine »begryffunge in einem register«, eine Regelung für das Bauwesen, die erste dieser Art, entworfen und dem Kurfürsten Friedrich II. vorgelegt. Der Landesherr hatte der Bauhütte einen Schutzbrief verliehen und die »Satzung« bestätigt. Sie wurde später (1491) zur Grundlage einer ersten deutschen Bauordnung.

Zu Meißen ging es oft nur langsam voran, weil nicht genug »klingende Münze« aus der herzoglichen »Rentkammer« floss. Damit Steinmetzen, Maurer, Zimmerleute und Handlanger bei der »Bauhütte« blieben, musste Meister Arnold gelegentlich aus eigener Tasche »aushelfen«. Die fürstlichen Bauherren stellten ihm deshalb »ein Lehen zu Niemegk« in Aussicht und »honorierten«

ihn schließlich im September 1473 mit einem »zum Pfand« genommenen Haus in der Leipziger Burgstraße. Mühsam brachte der Landesbaumeister 720 Gulden zusammen, um für seine Familie das Rittergut Langenau bei Freiberg zu kaufen. Zeit, sich dort seiner »Behausung« zu erfreuen, hatte er nicht. Er starb 1482. Erspart blieb ihm eine Enttäuschung: Nachdem die Bauarbeiten 1485 fast beendet waren, entschied sich der Landesvater für Dresden als Wohn- und Regierungssitz.

Herzog Albrecht speist in der Silbergrube St. Georg zu Schneeberg.

Die Wettiner bestritten den teuren Bau nur aus Anteilen an Silbergruben, wird oft behauptet. Herzog Albrecht hat für diesen Ruf auf landesherrliche Art selbst gesorgt. Am 23. April 1477 ließ er sich zu Schneeberg auf einem Sattel sitzend an Seilen 40 Meter tief in die Grube St. Georg hinab, um an einem tischgroßen Block gediegenen Silbers, »drei Ellen lang und anderthalb Ellen breit«, mit einigen seiner Hofherren fürstlich zu tafeln. Das aus der Erzstufe gewonnene Edelmetall soll einen Wert von 40 000 Gulden gehabt haben. Die Ausbeute der Georgzeche bezifferte man zu dieser Zeit auf täglich anderthalb Millionen Gulden. Sicherlich ist das eine Übertreibung. Herzog Albrechts Worte beim Unter-Tage-Gelage waren es keineswegs: »Unser Kaiser Friedrich ist zwar gewaltig und reich, aber einen so stattlichen Tisch hat er nicht.«

Dynastische Interessen, Erfahrungen und Erkenntnisse einer jahrhundertelangen Hausmachtpolitik, ihnen gleichsam in die Wiege gelegt, bewirkten den Zusammenhalt der Brüder Ernst und Albrecht als Herrscherpaar. Albrecht war der dynamischere von beiden, draufgängerisch sogar in brenzligen Situationen. Er konnte aber auch gütig-nachsichtig sein, mit Herz und Verstand. Es bereitete ihm Vergnügen, an ritterlichen Turnieren teilzunehmen und sich höfisch-galant zu geben. Seinem Ruf als »des Reiches gewaltiger Marschall« verdankt er den Beinamen der Beherzte.

Es fällt auf, dass die Hofgeschichtsschreibung für den Älteren der beiden keinen Beinamen fand. Doch offensichtlich brauchte man für den stets ernsthaft um Redlichkeit bemühten, bisweilen sogar strengen, ja finsteren, wenn es sein musste auch entschlossen handelnden Fürsten namens Ernst keine weitere sein Wesen erklärende Benennung. Gelegentlich konnte er jähzornig werden, wenn er auf Unverstand oder Nachlässigkeit stieß. Aber seine Besonnenheit verließ ihn nie. Mit dem gewandteren, weltmännisch erfahrenen Bruder vertrug er sich. Er überließ ihm gern das weite Feld der Reichspolitik, auf dem er sich mit großem Geschick, stets auch im Interesse des wettinischen Stammhauses, zu bewegen verstand. »Zu Hause« arbeiteten beide des öfteren eng zusammen, so als sie 1466 in die vogtländischen Händel eingriffen, das Vogtland »sächsisch« machten und auch eine gemeinsame Antwort gegen den vom Papst angedrohten Bann fanden. Albrecht akzeptierte den höheren Rang des Älteren. Er kam ihm in der Landespolitik nie in die Quere, obwohl ihre Ratgeber die beiden in ihre Streitigkeiten einzubeziehen suchten.

Am territorialen Ausbau der Landesherrschaft waren Ernst und Albrecht gleichermaßen beteiligt, stets um ein gutes Verhältnis zu den Nachbarn bemüht. Sie fanden Rückhalt bei dem Ungarnkönig Matthias Corvinus, seit 1469 auch Herrscher über beide Lausitzen, als sie 1472 das schlesische Herzogtum Sagan mit dem niederlausitzischen Priebus kauften und 1477 auch die böhmischen Lehen Sorau, Beeskow und Storkow, Herrschaften der Marschälle von Biberstein, südöstlich von Nossen, wiederkäuflich (also befristet) erwarben.

Im Jahre 1477 griffen sie gemeinsam mit militärischer Gewalt in Quedlinburg ein, über dessen geistliche Herrschaft, das Stift, ihnen die Schutzhoheit anvertraut war. Hedwig, die Äbtissin des Frauenstifts, Schwester der beiden Wettiner, hatte sie um Hilfe ersucht gegen die »aufrührerischen« Stände des dem Reiche unmittelbar unterstellten Gebietes.

Wie einflussreich die Wettiner damals waren, zeigt sich auch daran, dass Ernsts dritter Sohn Albrecht, fünfzehnjährig, im Jahre 1482 Erzbischof von Mainz und damit Erzkanzler des Reiches wurde. Er konnte sein Amt allerdings nur zwei Jahre ausfüllen; er starb. Immerhin: Das seit dem Jahre 755 zum Bistum Mainz gehörende Erfurt, damals eine der bedeutendsten deutschen Städte, musste 1483 die kursächsische »Schutzgerechtigkeit« anerkennen.

Bestrebungen, auch in nordwestlicher Richtung den Herrschaftsbereich zu erweitern, belasteten jedoch das nachbarschaftliche Verhältnis zu den Hohenzollern, Herren der Mark Brandenburg, schon seit der Übertragung der Kurwürde im Jahre 1423 an einen Wettiner. Kurfürst Friedrich von Brandenburg hatte damals mit Heeresmacht unmissverständlich geltend gemacht, dass sein Sohn Johann als Schwager des verstorbenen Kurfürsten Albrecht dessen Nachfolger im Amt sein müsse. Mit seinen Truppen hatte er gleich nach dem Tode des Askaniers im Jahre 1422 Wittenberg und dessen Umgebung besetzt. Die Entscheidung fiel zu seinen Ungunsten. Der königliche Hofrichter, mit allen Vollmachten versehen, sorgte für »Ordnung«. Bevor es zu ernsteren Streitigkeiten kam, gab der Hohenzoller nach. Er akzeptierte den nunmehr »sächsischen« Wettiner als unmittelbaren Nachbarn, begnügte sich mit einem Vergleich, der ihm als »Entschädigung« immerhin »10 000 Schock böhmische Groschen« (ca. 30 000 Goldgulden) einbrachte, in Raten zu erstatten.

Nun aber, einige Jahrzehnte später, fassten die Wettiner auch im Magdeburgischen Fuß. Kurfürst Ernsts zweiter Sohn ebenfalls namens Ernst, gerade erst 12 Jahre alt, gewann auf Betreiben seines einflussreichen Vaters im Jahre 1476 die Wahl zum Erzbischof von Magdeburg und zwei Jahre später wurde er auch Koadjutor (Titularbischof, als Nachfolger vorgesehen) des Bischofs zu Halberstadt. Für ihn versahen eine Zeitlang vom Kurfürsten beauftragte Räte das hohe Amt. Es gelang schließlich kursächsischen Diplomaten, ihm die erforderliche Weihe schon weit vor dem von der Kurie dafür vorgesehenen Mindestalter zu verschaffen. Erzbischof Ernst erwies sich seiner wettinischen Herkunft würdig, wurde ein machtbewusster Kirchenfürst. Den Selbstständigkeitsbetrebungen der Städte Halberstadt, Halle und Magdeburg widerstand er mit viel Geschick. Sein Nachfolger nach seinem Tode im Jahre 1513 wurde allerdings ein Hohenzoller.

Magdeburg war damals eine der größten und wirtschaftlich stärksten Städte mit weitreichenden Beziehungen in die Gegenden östlich von Saale und Elbe. Über dieses Gebiet führten alle Wege, auf denen die brandenburgischen Hohenzollern mit dem alten Reichsgebiet und mit ihrem Stammland in Verbindung treten konnten. Die Herrschaft über die Stadt und das Gebiet wurde seitdem zum »Zankapfel« zwischen den beiden Dynastien, denn die Wettiner betrachteten die Elblinie mit Dresden, Meißen, Torgau und Wittenberg als »strategische Komponente« ihrer Territorialmacht. Magdeburg war aus ihrer Sicht ebenfalls ein »Eckpfeiler« ihres Machtbereichs, insbesondere aus wirtschaftlichen Erwägungen. Ins Magdeburgische gelangten alle Wasserläufe ihrer Lande. Aber auch ihre Versuche, in östlicher Richtung ihr Territorium zu erweitern, kreuzten sich mit brandenburgischen Interessen. Beeskow und Storkow blieben allerdings nur bis 1512 unter wettinischer Hoheit; endgültig unter die der Brandenburger gelangten sie im Jahre 1555. All das hat das Verhältnis zwischen den beiden Herrscherhäusern für die nächsten 250 Jahre belastet.

Im eigenen Lande führten die Wettiner den »Ausbau« ihrer Herrschaft erfolgreich weiter.

Das bislang so gute Einvernehmen der beiden Brüder wurde zu Beginn der 80er Jahre allerdings getrübt. Kurfürst Ernst reiste nach Rom, um beim Papst für den exkommunizierten Merseburger Bischof, der einen Diener geprügelt hatte, ein gutes Wort einzulegen und die geistliche Karriere seines Sohnes Albrecht, der 1479 Domherr zu Mainz und Statthalter des Erfurter Bistums geworden war, angesichts der in wenigen Jahren erforderlichen Wahl eines Erzbischofs päpstlichem Wohlwollen zu empfehlen. Aber er hatte für die Zeit seiner Abwesenheit nicht seinem Bruder Albrecht die Regierungsgeschäfte übergeben, sondern sie Vögten überlassen, an deren Verhalten Albrecht Anstoß nahm, als er, wie im Umgang mit seinem Bruder gewohnt, mitzuregieren sich anschickte.

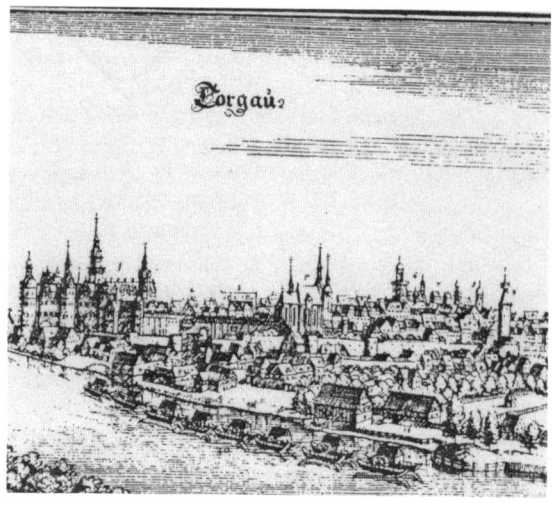

Hinzu kam: Die Familien hatten sich vergrößert, ebenso deren Gesinde. Der Aufwand für zwei so eng zusammenlebende Familien mit gemeinsamer Hofhaltung brachte nicht nur Verwaltungsprobleme mit sich, sondern auch unterschiedliche Beurteilungen. Es gab Reibereien. Albrecht wollte deshalb nach Torgau umziehen. Am liebsten würde er seinem Bruder die Regierungsgeschäfte für das ganze Land überlassen. Ein »Zehrgeld« von jährlich 12 000 Gulden bat er sich dafür aus und dazu die Verfügung über die Einkünfte einiger Städte, vor allem Torgaus, wo er zu residieren beabsichtigte, sowie der von Schilda, Dommitzsch, Oschatz und einiger kleinerer Orte. Eine Einigung darüber kam nicht zustande.

Trotz aller Querelen – bei allen Entscheidungen, die Hoheitsrechte betrafen, ging es ihnen um den Zusammenhalt der Dynastie. Eine ungeteilte Herrschaft, durch Gesetze, Privilegien und den ständischen Konsens gefestigt, war dafür die Basis. Frühere Aufsplitterungen territorialer Besitztümer hatten stets die machtpolitischen Ambitionen anderer gestärkt. Ihr brandenburgischer Nachbar, Kurfürst Albrecht III., als »der tapferste, gewandteste, stärkste und als der einzige niemals überwundene Ritter« mit dem Beinamen Albrecht Achilles geehrt, hatte offensichtlich dank dieser Erkenntnis am 24. Februar 1473 eine klare Entscheidung für sein Land getroffen. Die Dispositio Achillea, eine testamentarische Verfügung, deklarierte die Unteilbarkeit der Mark und ihrer Nebenländer und die alleinige Erbfolge des Erstgeborenen. Dieses »Hausgesetz« war damit eine »Satzung«, eine »Vorgabe«. Es sollte für den künftigen Platz Brandenburgs im politischen System des Reiches bedeutsam sein.

Auch den Wettinern Ernst und Albrecht war bewusst, dass einmal errungene Positionen im »Machtgerangel« durch Gebietsteilungen verlorengegangen und meist nur mühsam wiedererlangt worden waren. Ihr Vater, Kurfürst Friedrich II., hatte ihnen im Jahre 1459 die Unteilbarkeit des Landes als Grundsatz »neuzeitlichen« politischen Handelns mit auf den gemeinsamen Weg gegeben. Hätten sie sich dessen nicht jetzt erinnern müssen? Eine ganze große Landgrafschaft fiel an das Stammhaus zurück. Am 17. September 1482 war Herzog Wilhelm III., der Tapfere, gestorben. Der Weimarer Onkel hatte keinen erbberechtigten direkten Nachfolger für den ihm bei der Altenburger Teilung im Jahre 1445 zugefallenen thüringischen und fränkischen Besitz. Die kurfürstliche Macht reichte nun über ein weitgehend geschlossenes Territorium vom Thüringer Wald, vom Vogtland und vom Erzgebirge im Süden bis zum Harz und Fläming im Norden, von der Werra und der Rhön im Westen bis über die Elbe im Osten, fast viermal größer als der heutige Freistaat. Sachsen war damit neben der kaiserlichen habsburgischen Hausmacht die größte, städtereichste und auch wirtschaftlich bedeutendste Landesherrschaft innerhalb des Heiligen Römischen Reiches Deutscher Nation. War das nicht eine große Chance für noch mehr Einfluss in der Fürstenföderation des Reiches?

An eine Teilung dachte man zu Dresden und Torgau nicht. Aber man war sich darüber im klaren, dass neue Dispositionen erforderlich waren. Mehrere Entwürfe kamen zustande. Für Albrecht sollte das »Jahrgeld« erhöht werden. Ein Entwurf, den Bischof Heinrich von Meißen und der kurfürstliche Oberhofmarschall Hugold von Schleinitz 1484 vorlegten, zog allerdings eine Teilung erstmals in Erwägung, auch im Hinblick auf künftige Erbfolgen. Doch noch überwogen die Bedenken beider Herrscher gegen eine Trennung. Am 7. Juli 1484 fixierte man zu Leipzig eine zehnjährige Alleinregierung des Kurfürsten Ernst. Für Herzog Albert, der sich nach wie vor seiner Aufgabe als »des Reiches gewaltiger Marschall und Bannermeister« verpflichtet fühlte, bedeutete das die erwünschte »Jahresrente« sowie die Überlassung der Schlösser Torgau, Tharandt und Dippoldiswalde mitsamt ihren Einkünften. Eine verbindliche Abmachung kam jedoch nicht zustande. Der Oberhofmarschall soll der »Quertreiber« gewesen sein, verärgert darüber, dass ihm Herzog Albrecht nicht dabei half, das ihm 1470 mitsamt dem Amt als Pfand überlassene Schloss Rochsburg »verschrieben« sowie die Burg Hohnstein als vererbbaren Besitz zu bekommen.

Am 17. Juni 1485, wiederum zu Leipzig, wurde schließlich die Teilung »in Auftrag gegeben«. Damit alles gerecht zugehe und die Nachkommen nicht miteinander haderten und sich zerstritten, sollte erst einmal aufgerechnet werden, über welche Werte man denn dabei überhaupt zu verfügen hatte. Alle »Erträge« wurden in Listen erfasst, nach Landesteilen aufgegliedert. Die beiden Teile sollte der Ältere festlegen, der Jüngere für das Recht der Wahl 25 000 Gulden zahlen. Von der Teilung ausgeschlossen war das kurfürstliche Herzogtum Sachsen, das dem Ältesten, also Ernst, gehörte. Alle Schulden, Anwartschaften, eventuelle Belehnungen, die neu erworbenen Herrschaften Storkow und Beeskow, Sorau und Sagan, auch die Schutzhoheiten über Mühlhausen, Nordhausen, Erfurt, Görlitz und das Meißner Hochstift sowie der Schneeberg mit dem »Neustädtl«, überhaupt sämtliche Bergwerke blieben »Gemeinsamkeiten«, sollten beiden gehören.

Für das zu Teilende fand man eine geradezu »kunstvolle« Lösung: Die zwei neuen »Linien« der Dynastie gewährleisten dank einer Erbeinigung die Gesamtheit des Besitzes durch eine tiefgreifende »Verzahnung« der beiden Hauptteile, der Landgrafschaft Thüringen und der Markgrafschaft Meißen. Das sollte beiderseitige Abhängigkeiten fördern und eine endgültige Trennung verhindern. Einer der Berater in diesem fürstlichen »Erbhandel« war Heinrich von Einsiedel, Inhaber der Herrschaft Gnandstein. Ihm ging es wie den anderen Räten um die Wahrung der Positionen der eigenen Familie im wettinischen Herrschaftsbereich. So nimmt es nicht wunder, dass er sich sehr umsichtig lange Zeit gegen eine Zersplitterung der Besitztümer wehrte. Als er erkannte, dass sich zu viele Zwistigkeiten angehäuft hatten und eine Trennung unvermeidlich war, gelang es ihm, den Grenzverlauf zwischen dem Kurfürstentum und dem Herzogtum Sachsen so »verzwickt« durch das eigene Gebiet zu »dirigieren«, dass er für beide Herrscher unentbehrlich wurde. Er lavierte dann so klug zwischen beiden Machtzentren, dass seine 40 Dörfer bzw. Dorfanteile davon Nutzen hatten. Auch andere Adelshäuser hatten größere und kleinere Besitzun-gen in beiden Teilen, »Streubesitz« also. Wie sollte man da an etwas Endgültiges denken? Ohnehin waren viele von ihnen nur »Nachbarn auf Zeit«? Und hatte sich nicht manche frühere Teilung von selbst »erledigt«? Getrennte »Linien« kamen »zwangsläufig« zusammen, wenn eine von ihnen »erloschen« war. Althergebrachtes »dynastisches Denken« dominierte. Man vergab die Chance, eine großräumige, mächtigere »moderne« Staatlichkeit aufzubauen.

Und das war das Ergebnis, fixiert auf einem »Meißnischen Teilzettel« und einem »Thüringischen Teilzettel: Der eine Hauptteil mit der Markgrafschaft Meißen als Kerngebiet umfasst den breiten Streifen vom Erzgebirge nach Norden mit Pirna, Dresden, Meißen und Großenhain bis in die Gegend um Mühlberg mit nordöstlichen »Ausläufern« um Senftenberg und Sonnewalde. In westlicher Richtung erstreckt er sich über die Gebiete um Rochlitz, Chemnitz und Wolkenstein – mit immerhin 34 Städten. Von der Leipziger

Gegend aus westwärts führt ein langgezogener Landstrich mit zahlreichen Ausbuchtungen bis zur Unstrut südlich von Mühlhausen, mit 22 Städten. Dazu kommt die Oberhoheit über dem Kaiser unmittelbar unterstehende (»reichsunmittelbare«) Gebiete der Grafen von Hohnstein (am Harz), von Stolberg, von Mansfeld sowie über einen Bereich der Grafschaft Schwarzburg (Sondershausen), über die Herrschaften Schönburg und Weißenfels sowie über die Abtei Quedlinburg und das Hochstift Merseburg. Auf dem »Thüringischen Teilzettel« ist als Hauptteil das Landgrafentum Thüringen bis zur Werra verzeichnet, mit Jena, Weimar, Gotha und Eisenach. Diesem Kerngebiet sind auch die Grafen von Gleichen, von Kirchberg und die Herrschaft Reuß (Schleiz und Gera) sowie die Grafschaft Schwarzburg mit Arnstadt und Rudolstadt zugeordnet, ebenso das Bistum Naumburg und der durch eine markgräfliche Eheschließung 1353 ererbte ehemals hennebergische Besitz um Coburg, ferner die bis dahin zur Mark Meißen gehörenden Gebiete um Grimma, Leisnig und Borna, Altenburg, Zwickau, Schwarzenberg und Plauen – mit insgesamt 70 Städten. Vom thüringischen »Kernland« aus erstreckt sich also ein breiter Landfetzen in nördlicher Richtung über Altenburg und Borna, über Leisnig und Grimma und über das zum Bistum Meißen gehörende Gebiet um Wurzen, dann über die Mulde bei Düben und weiter in östlicher Richtung bis zur Elbe – wie ein klobiger Keil durch den anderen Hauptteil.

Mit der »Nebenbestimmung«, dass derjenige, der den »meißnischen Teil« abbekam, dem anderen 100 000 Gulden zu zahlen hatte, wurde die größere wirtschaftliche Kraft dieses Gebietes berücksichtigt. Bei den ständigen Geldproblemen, die Herzog Albrecht hatte, erhofften sich die »Aufteiler« offensichtlich die von dem

Kurfürsten Ernst erwünschte Lösung: Er wollte im Meißnischen bleiben. Und für seinen Oberhofmarschall, der die Teile wesentlich »mitbestimmt« hatte, vergrößerten sich die Chancen, die Schlösser Rochsburg und Hohnstein doch noch zu erlangen. Es kam aber anders. Albrecht erlag nicht der Verlockung, schnell zu Geld zu kommen. Die Entscheidung fiel während der Leipziger Ständetagung vom 9. bis 11. November 1485. Noch einmal zeigte sich, wie sehr Herzog Albrecht diese Entwicklung bedauerte. Er hielt eine Rede. Die »Zerreißung und Vermengung des Landes« berge unabsehbare Gefahren. Vor allem warnte er vor »der schweren Nachbarschaft halben der Krone Böhmens«. Doch sein Bruder Ernst sah das anders. War das der Grund, dass ihm Albrecht »den Braten verdarb«? Der Jüngere übernahm den meißnischen Teil.

Auf dem Reichstag zu Frankfurt am Main am 24. Februar 1486 bestätigte der Kaiser die Teilung. Bald aber häuften sich die Streitigkeiten zwischen den Auseinandergegangenen; schon am 25. Juni 1486 musste zu Naumburg ein Schiedsspruch getroffen werden. Es war die letzte »brüderliche Einigung« auf politischer Ebene.

Am 26. August 1486 starb Kurfürst Ernst, 45 Jahre alt, in Colditz an den Folgen eines Unfalls. Er war bei einer Jagd vom Pferde gestürzt. Der Begründer der »ernestinischen Linie« des Herrschergeschlechts wurde in der Fürstengruft des Meißner Domes beigesetzt, auf nunmehr »albertinischem« Territorium.

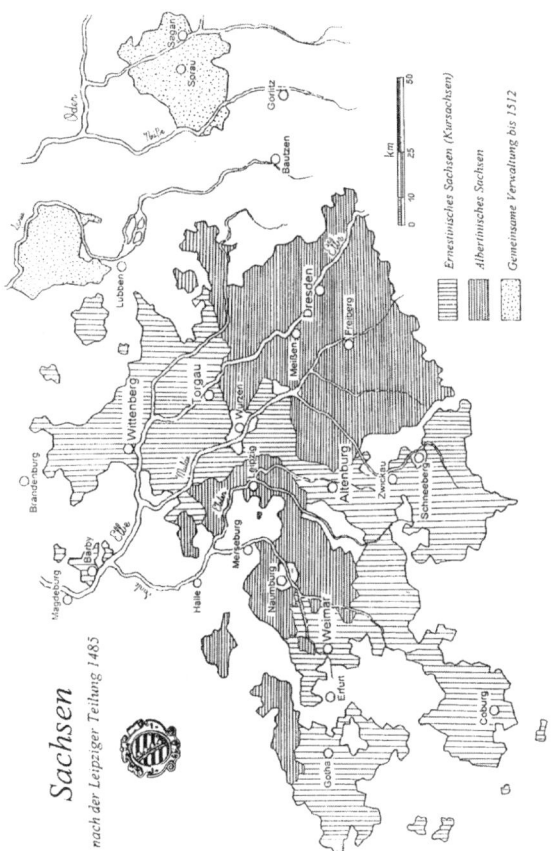

Welches Sachsen ist Sachsen?

Kurfürst Ernst von Sachsen residierte zu Torgau und zu Wittenberg. Sein Sohn Friedrich III., später von der Hofgeschichtsschreibung der Weise genannt, war der erste Herrscher der »ernestinischen« Linie seiner Dynastie. Seinen jüngeren Bruder Johann beteiligte er an den Regierungsgeschäften in bestem Einvernehmen.

Der Jüngere übernahm nach einigen Jahren die Verwaltung der thüringischen Gebiete und machte aus Weimar eine wettinische »Nebenresidenz« – ohne Landesteilung. In der schwierigsten Zeit dieser Regentschaft, im Frühjahr 1525, musste er die Nachfolge seines verstorbenen Bruders antreten. Er setzte dessen Politik konsequent fort, auch im brutalen Krieg gegen die »aufrührerischen Rotten der Bauern« an der Seite seines »altgläubigen« Vetters Georg. Er förderte die »Sache Luthers«, erwehrte sich als Bündnispartner evangelischer Fürsten der Versuche des Kaisers, die Reformation zu »ersticken«. Auf dem Reichstag zu Speyer im Jahre 1529 »testierte« er sein religiöses Bekenntnis. Als »Pro-Testierer« blieb er dennoch um Einigung zwischen den streitenden Parteien bemüht – mit großer Geduld. Er war Johann der Beständige.

Ihm folgte 1532 im Regierungsamt sein Sohn Johann Friedrich. Warum er mit dem Beinamen der Großmütige bedacht wurde – das ist eine Geschichte für sich, am Ende sogar eine lange des Leidens, ein »weites Feld«.

Herzog Albrecht von Sachsen residierte zu Dresden. Fünfundzwanzig Jahre seiner Amtszeit verbrachte er außerhalb seines Herzogtums, in »Reichsangelegenheiten«. Er diente dem Kaiser als »des Reiches Schwerthand«. Seinen Sohn Georg ließ er schon frühzeitig das meißnische Stammland regieren. Es war eine »väterliche Zuweisung« der Verantwortung, die er damit freilich mittrug. Im Jahre 1499 traf er eine Nachfolgeregelung, die er am 18. Februar gemeinsam mit seinen beiden Söhnen Georg und Heinrich unterschrieb. Friedrich, der dritte Sohn, war Hochmeister des Deutschen Ritterordens in Preußen, also Geistlicher und deshalb außerhalb einer Erbfolge. Albrecht ließ diese »Väterliche Ordnung« auf dem Leipziger Landtag im November als seinen »letzten Willen« verlesen. Sie galt seitdem als das »Grundgesetz« des albertinischen Herrscherhauses. Eine Landesteilung sollte es nicht mehr geben. Der älteste Sohn erbt das Ganze mit der Verpflichtung, die Geschwister ausreichend zu versorgen. Für den jüngeren Sohn Heinrich hatte sich der fürsorgliche Vater etwas Besonderes ausgedacht: Er sollte Landesherr Westfrieslands werden. Blieb dieses Gebiet jedoch nicht im Besitz des Hauses, wurde ihm ein »Ersatz« in Aussicht gestellt. Die Ämter Wolkenstein und Freiberg sollten dann seiner Regentschaft anvertraut sein, nicht vererbbar.

Herzog Albrecht, 57-jährig, starb am 12. September 1500 in Emden. In der Domkirche wurde sein Herz beigesetzt, der einbalsamierte Leichnam in der Fürstengruft des Domes zu Meißen. Sein ältester Sohn Georg wurde der erste »albertinische« Herrscher des wettinischen Stammhauses. Der jüngere Heinrich jedoch lehnte es ab, die Herrschaft in Friesland anzutreten. Er beharrte auf der im Testament des Vaters fixierten Alternative. Während seiner Statthalterschaft in der Region zwischen Zuidersee und Wesermündung, seit September 1499 für eine kurze Zeit als Vertreter seines Vaters, hatte er genug »friesländische Bockigkeit« erfahren. Offensichtlich in Unkenntnis der Besonderheiten des Landes und der Eigenheiten seiner Bewohner traf er so viele selbstherrliche Entscheidungen, dass Aufruhr ausbrach. Die Monate, in denen er sich in der Residenz zu Franecker der feindlichen Umzingelung hatte erwehren müssen, waren ihm Lehre genug. Die Kette, mit der er von den Aufständischen hatte erhängt werden sollen, war ihm wochenlang mit drohendem Geschrei und unter höhnischen Gesängen von den Belagerern demonstriert worden. Er weigerte sich, nach Friesland zurückzukehren. So blieb Georg nichts anderes übrig, als sich der »friesischen Angelegenheit« anzunehmen, zumal sie immer kostspieliger wurde. »Schadensbegrenzung« war vonnöten. War es nicht am besten, das zur finanziellen Last gewordene »Anhängsel«, dieses »Fressland«, wie man es in Sachsen schon seit einiger Zeit bezeichnete, zu verkaufen?

Zuvor jedoch mussten Heinrichs Ansprüche auf eine eigene Landesherrschaft befriedigt werden. Ein »brüderlicher Vergleich« musste gefunden werden, der dem »letzten Willen« Albrechts gerecht wurde, auch den »Zweitgeborenen« zum Souverän »auf Zeit« zu erheben, ohne die »Väterliche Ordnung« zu verletzen, die die alleinige Nachfolge des jeweils Ältesten verfügte. Dieser »Leipziger Vertrag« kam am 30. Mai 1505 zustande. Heinrich verzichtete auf eine eventuelle Nachfolge im Herrscheramt zugunsten Johanns, des damals siebenjährigen Sohnes seines Bruders Georg. Dafür wurde ihm eine eigene, selbstständige, aber nicht vererbbare Herrschaft über die Ämter Freiberg und Wolkenstein zuteil.

Die alte Freiberger Burg, fortan »Freudenstein« genannt, wurde herzogliche Residenz. Heinrich erhielt aus der Kasse des albertinischen Herrscherhauses eine jährliche Rente von 12 500 Gulden, später auf 13 000

Gulden erhöht. Dieses dritte sächsische eigenstaatliche Gebilde mit beschränkter Selbstständigkeit, das Freiberger Ländchen, besaß eigene Gerichtsbarkeit, eigene Verwaltung und hatte dank des bald wieder florierenden Bergbaus eine gute wirtschaftliche Basis. Es bestand 34 Jahre.

Quellenverzeichnis und Bildnachweis

Blaschke, Karlheinz: Geschichte Sachsens im Mittelalter. Berlin 1990

Blaschke, Karlheinz: Der Fürstenzug zu Dresden. Leipzig, Jena, Berlin 1991

Engel, Evamaria / Holtz, Eberhard: Deutsche Könige und Kaiser des Mittelalters. Leipzig 1989

Gröger, H.: Tausend Jahre Meißen. Meißen 1929

Groß, Reiner: Geschichte Sachsens. Leipzig 2001

Kaemmel, Otto: Sächsische Geschichte. Dresden 1995

Kötzschke, Rudolf / Kretzschmar, Hellmut: Sächsische Geschichte. Augsburg 1995

Kroll, Frank-Lothar (Hrsg.): Die Herrscher Sachsens. München 2007

Leipziger Messeamt (Hrsg.): Vom Jahrmarkt zur Weltmesse. Leipzig, Jena 1958

Menchen Georg / Leißling, Wolfgang: Burgen zwischen Werra und Elbe. Rudolstadt 1983

Menzhausen, Joachim: Kulturlandschaft Sachsen. Dresden 1999

Mrusek, Hans-Joachim: Meißen. Leipzig 1989

Reumuth, Karl (Hrsg): Heimatgeschichte für Leipzig und den Leipziger Kreis. Leipzig 1927

Schneider, Wolfgang, Leipzig. Streifzüge durch die Kulturgeschichte. Leipzig 1995

Sturmhoefel, Konrad: Illustrierte Geschichte der Meißnischen und Thüringischen Lande. Leipzig 1908

Zimmermann, Ingo: Sachsens Markgrafen, Kurfürsten und Könige. Berlin 1990

Die Bilder sind aus dem Archiv des Verlages und des Autors.